I0446952

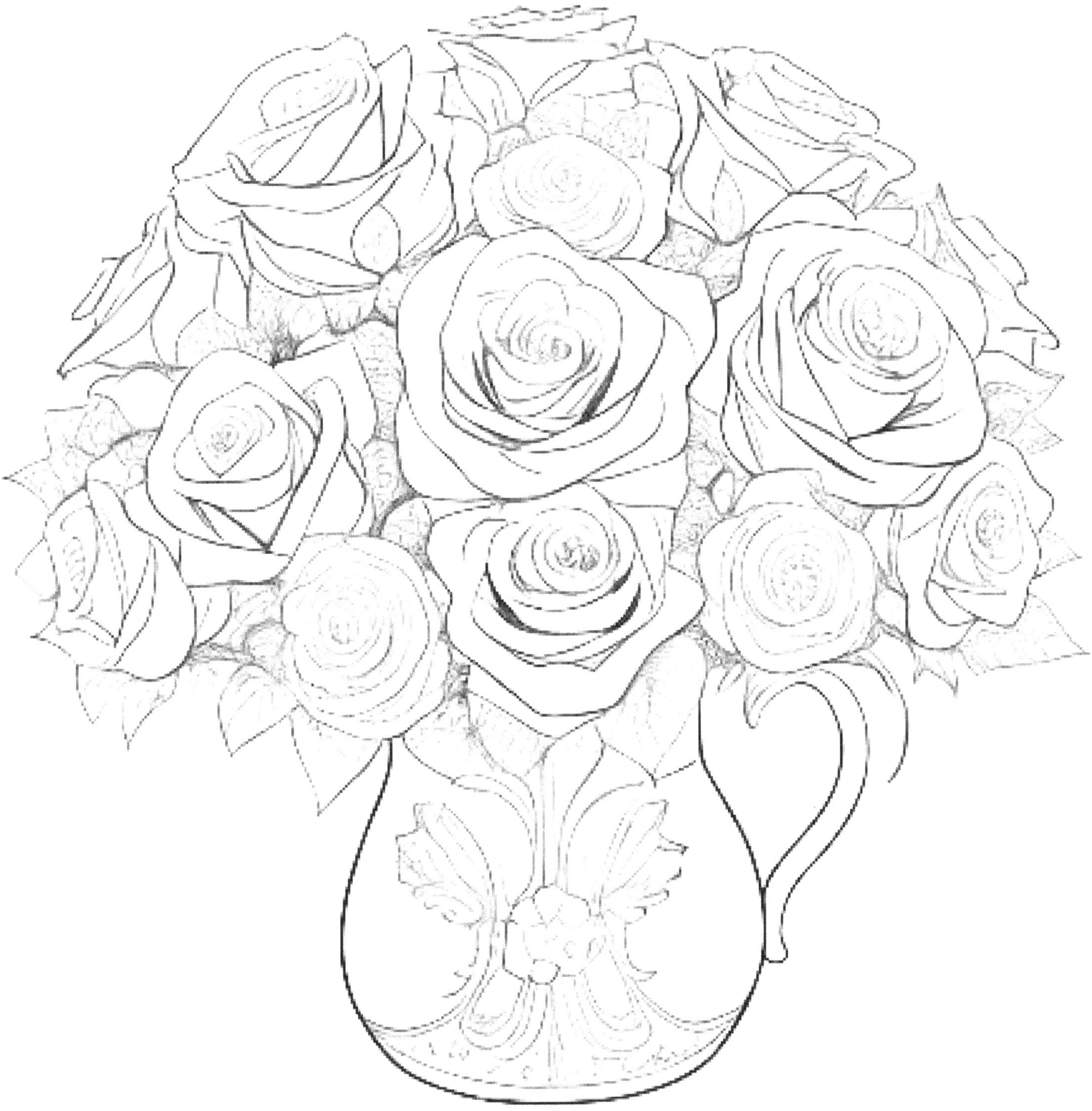

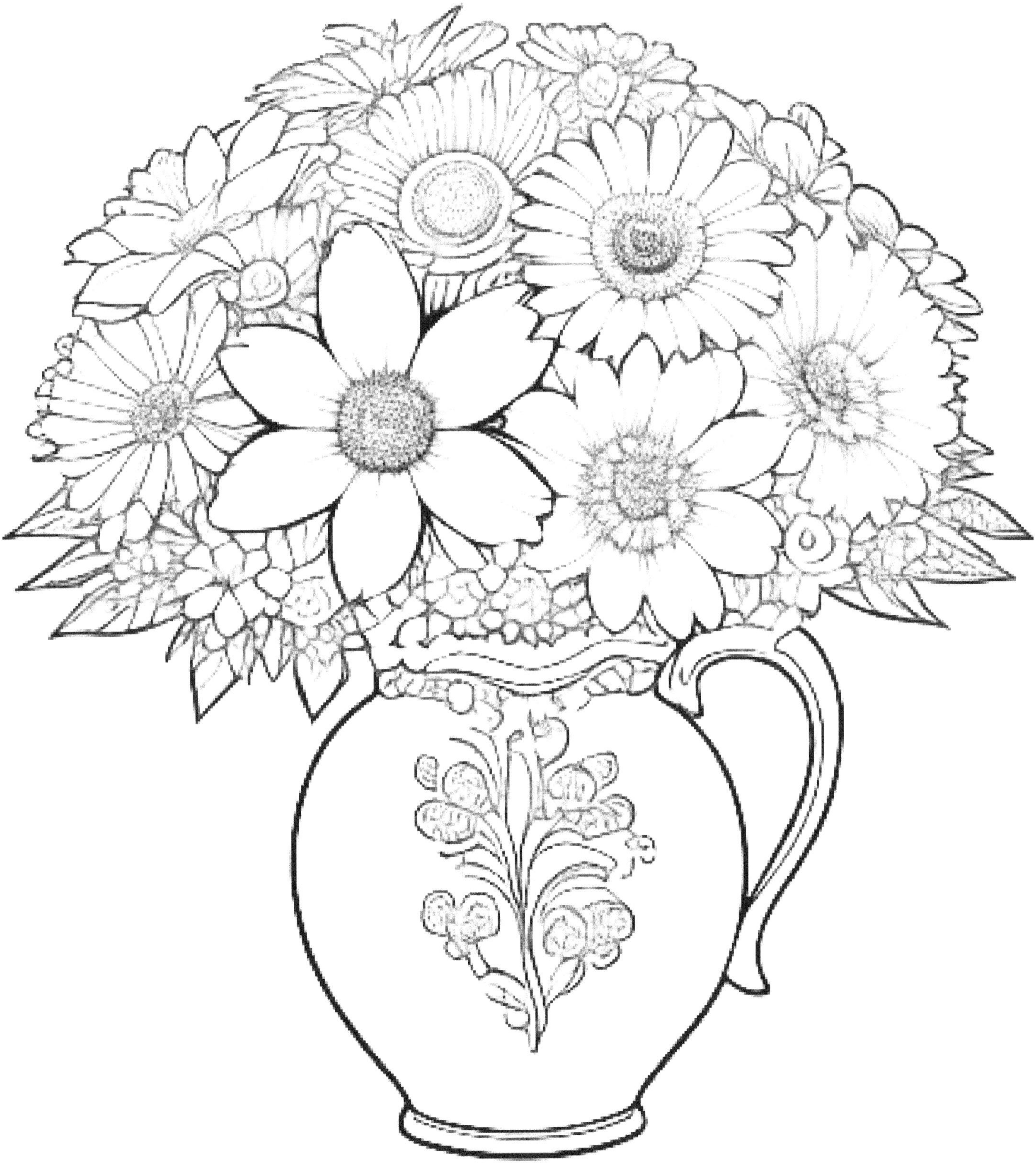

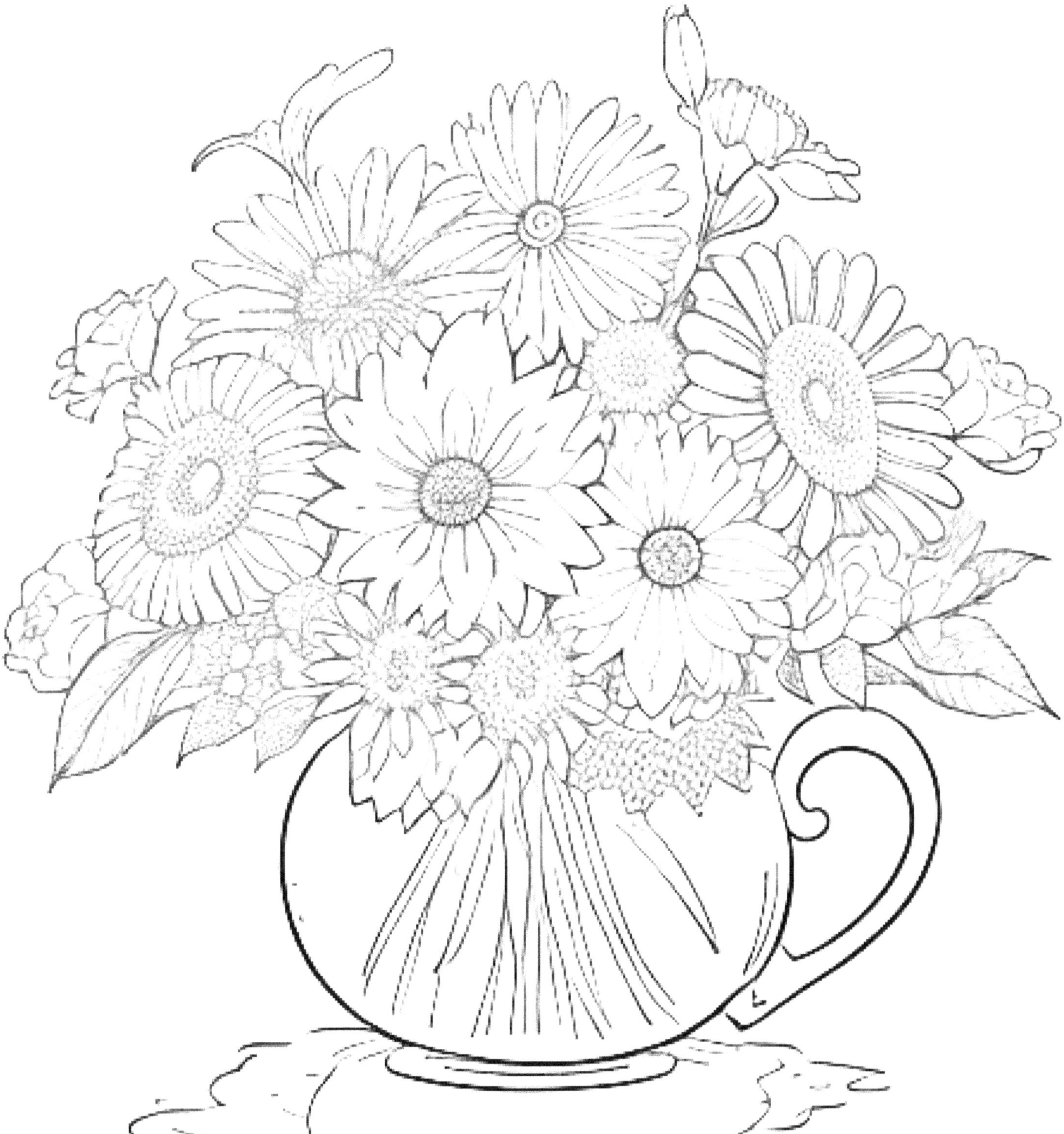

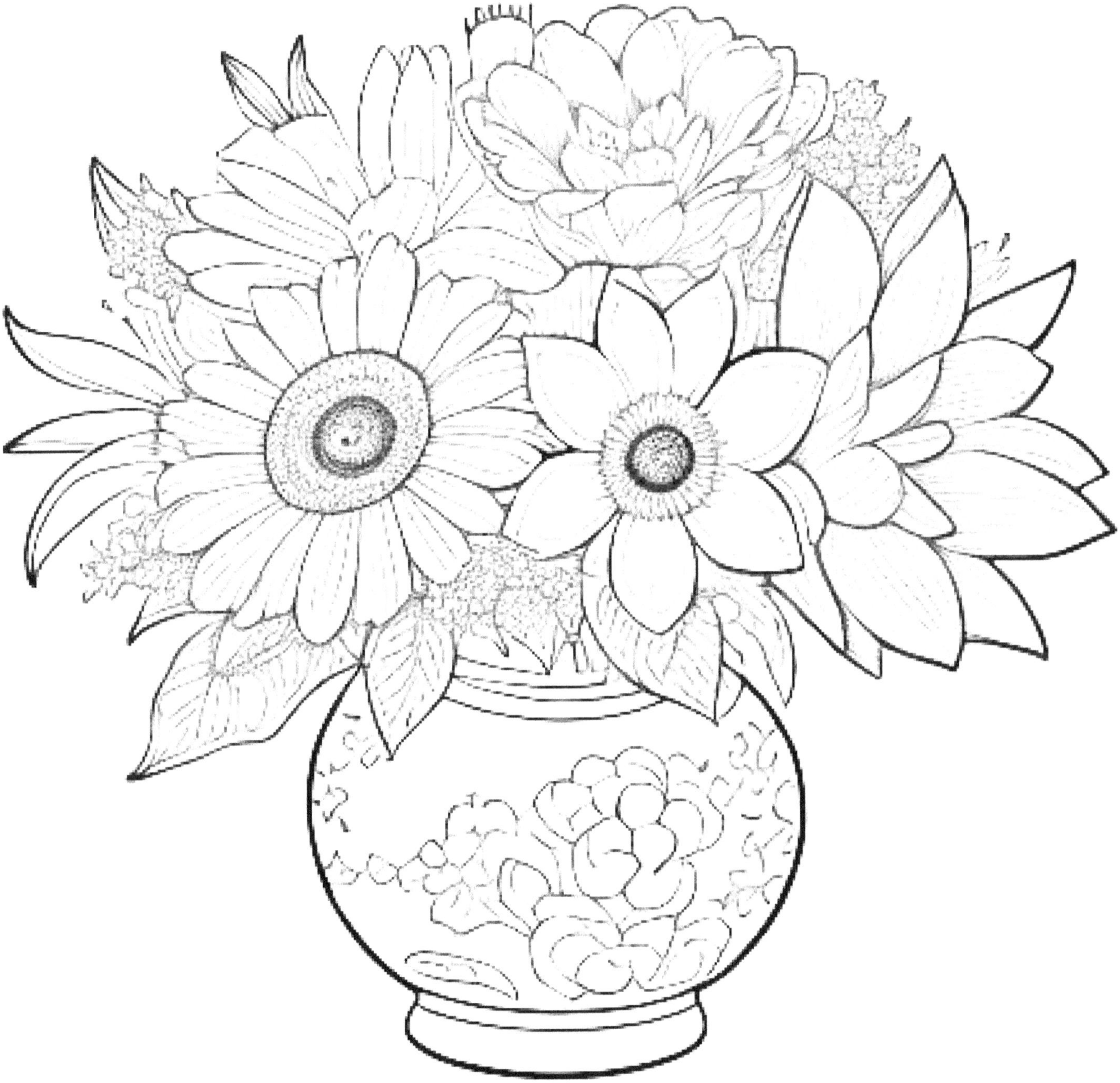

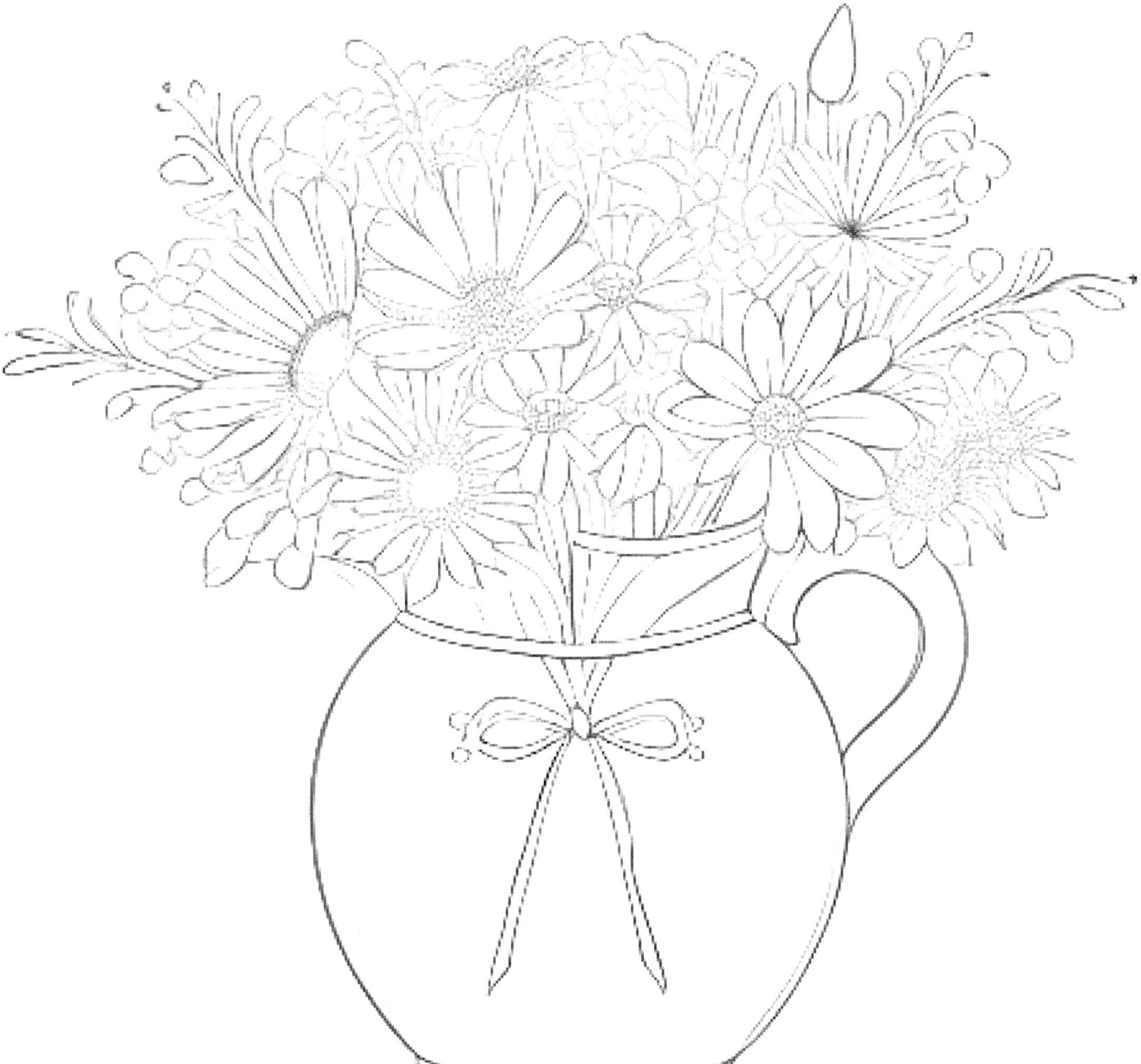

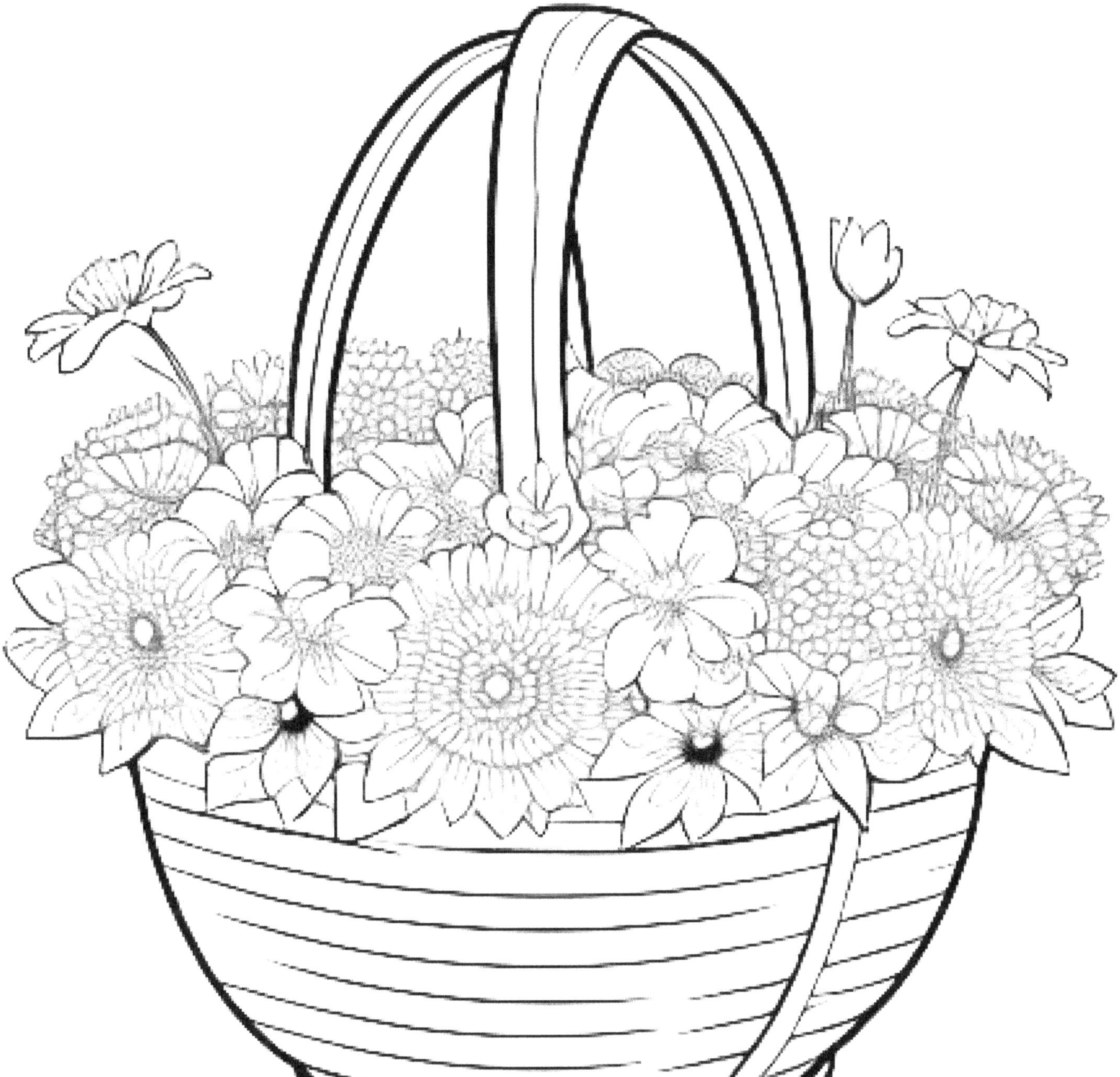
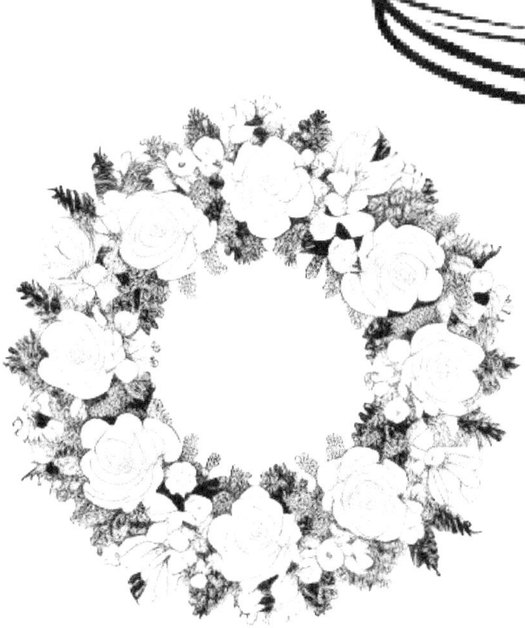
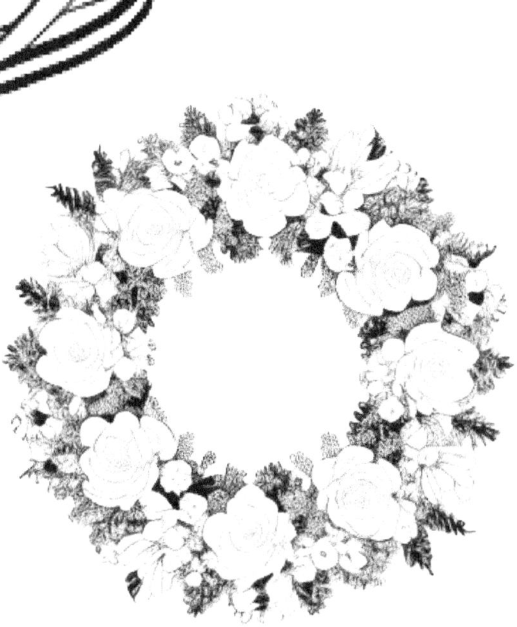

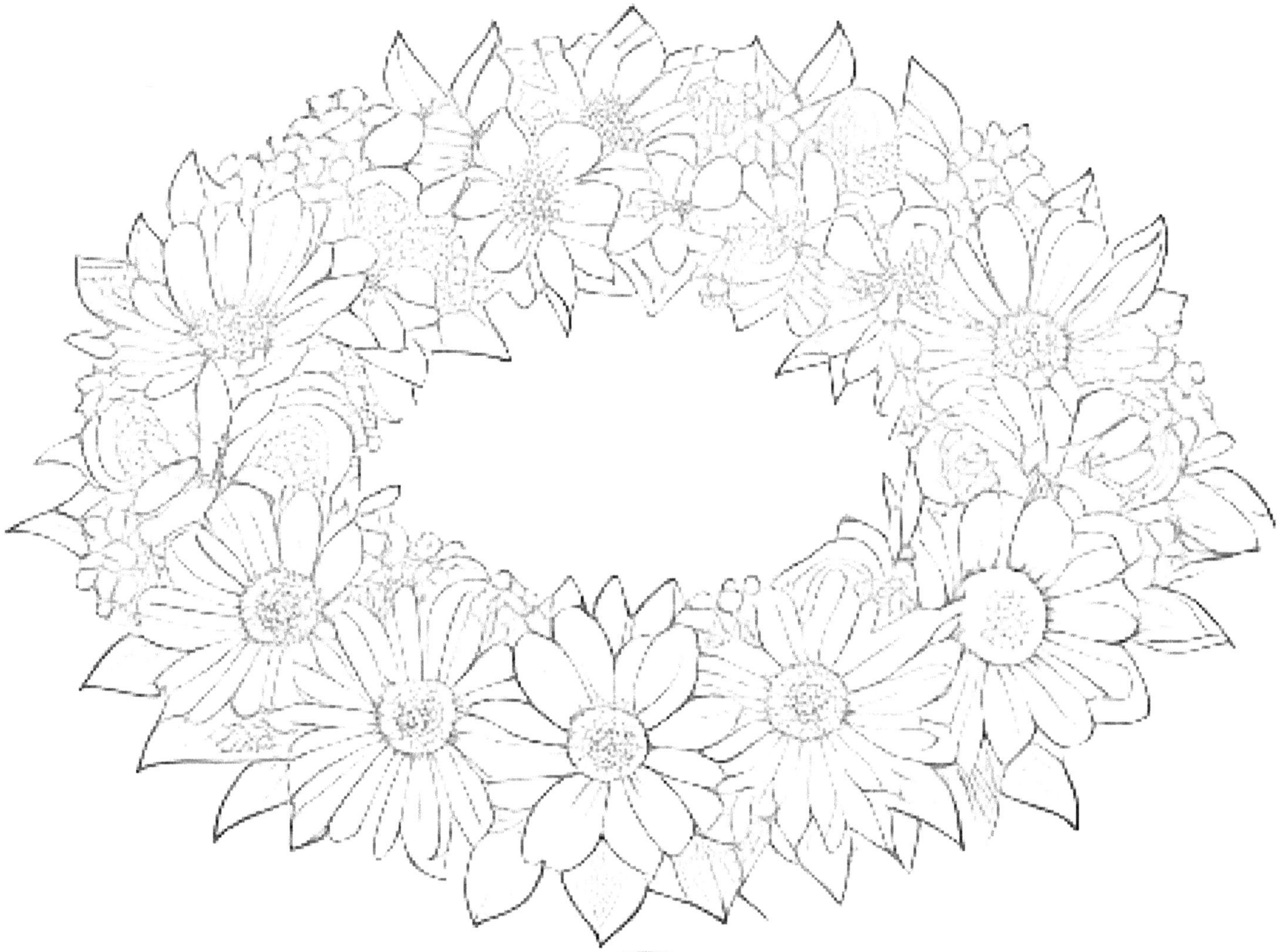

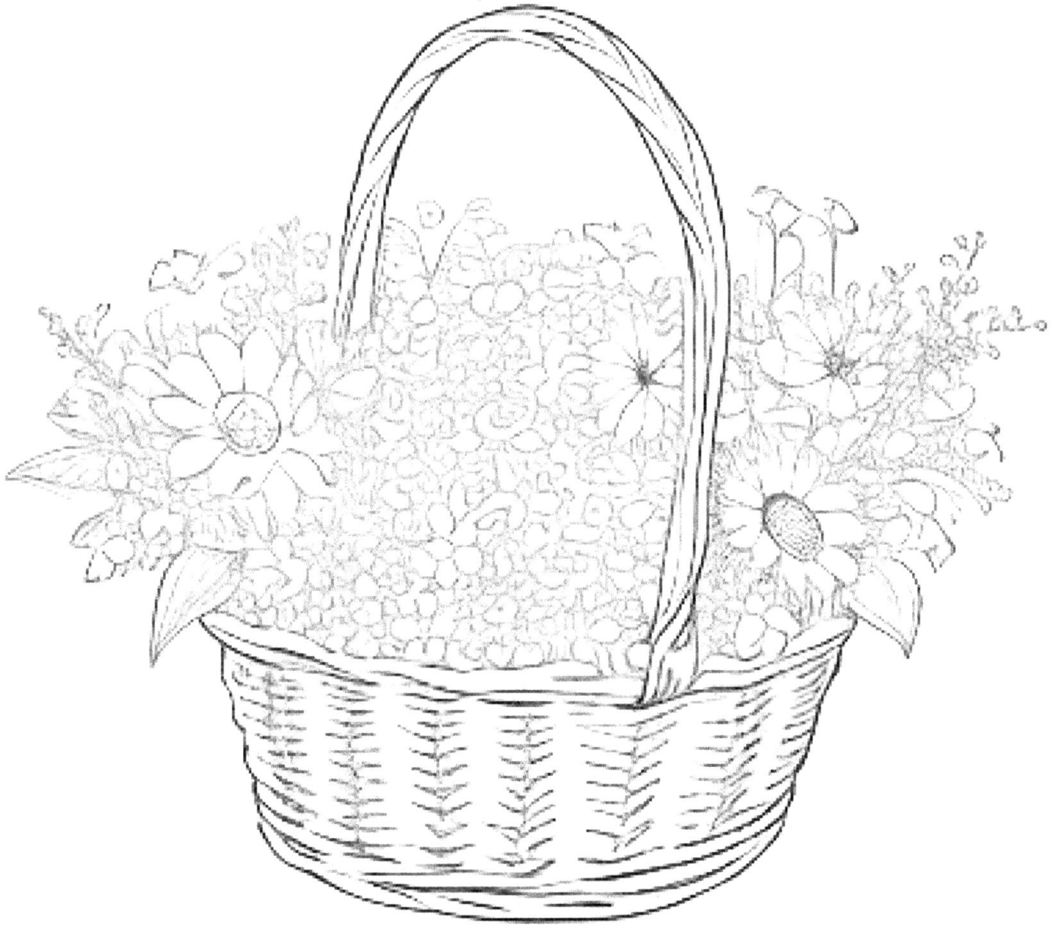

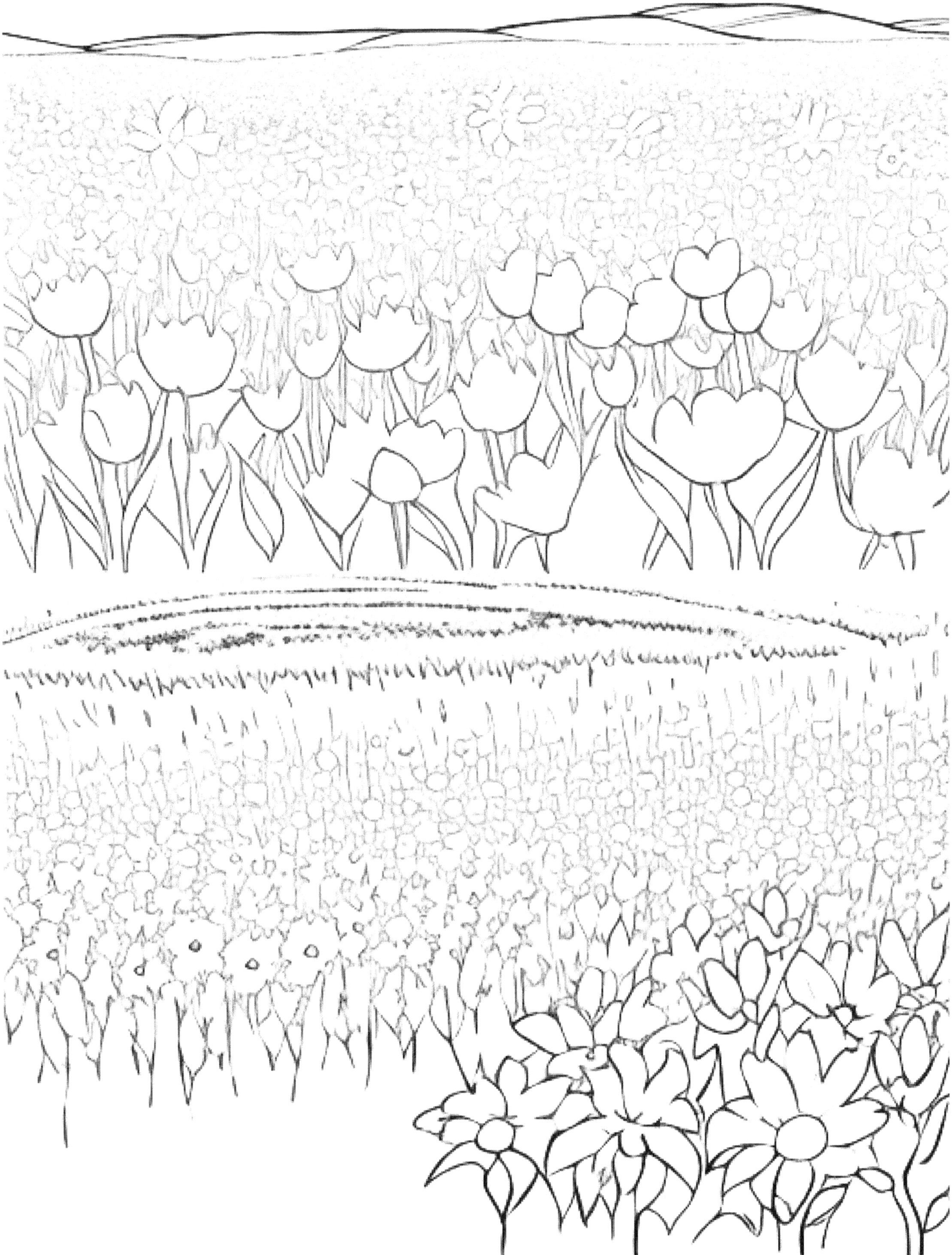

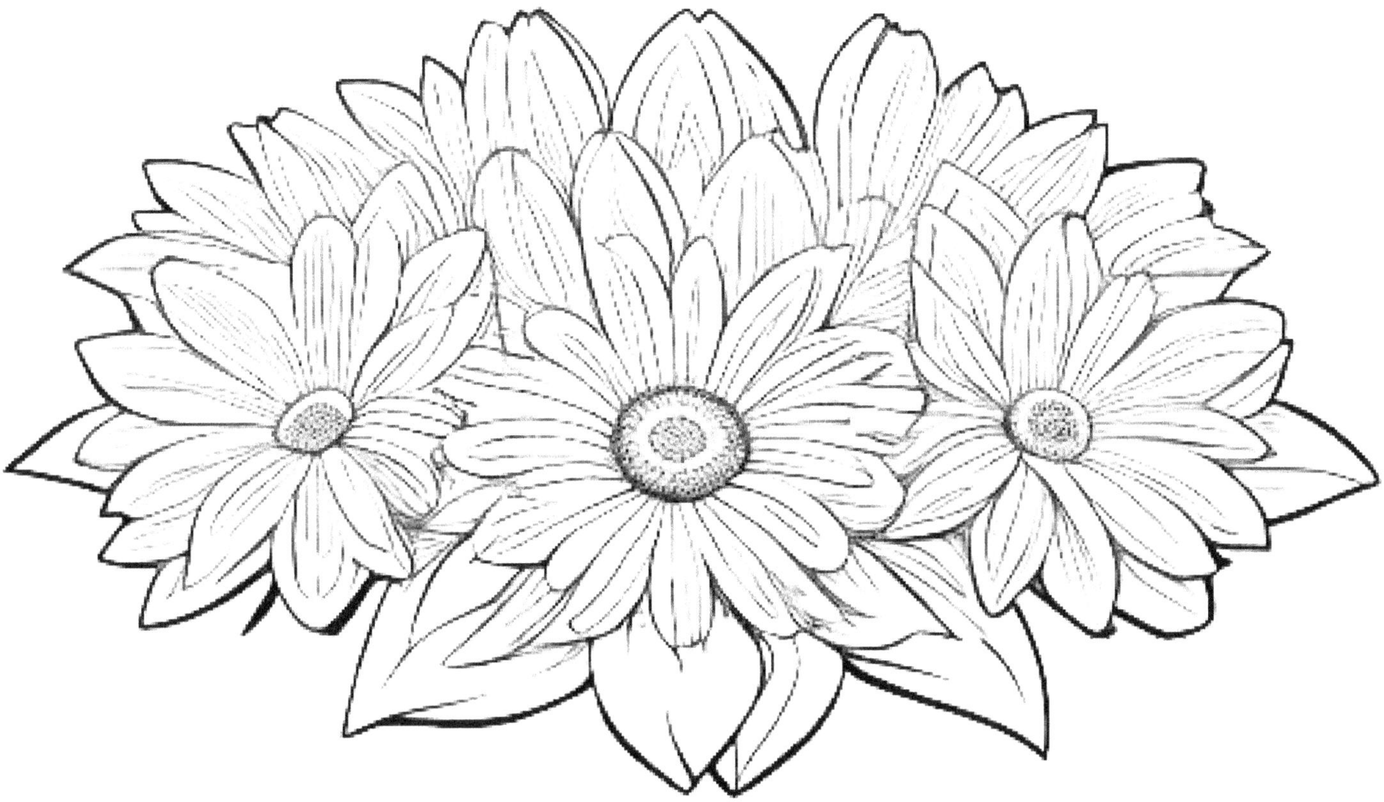

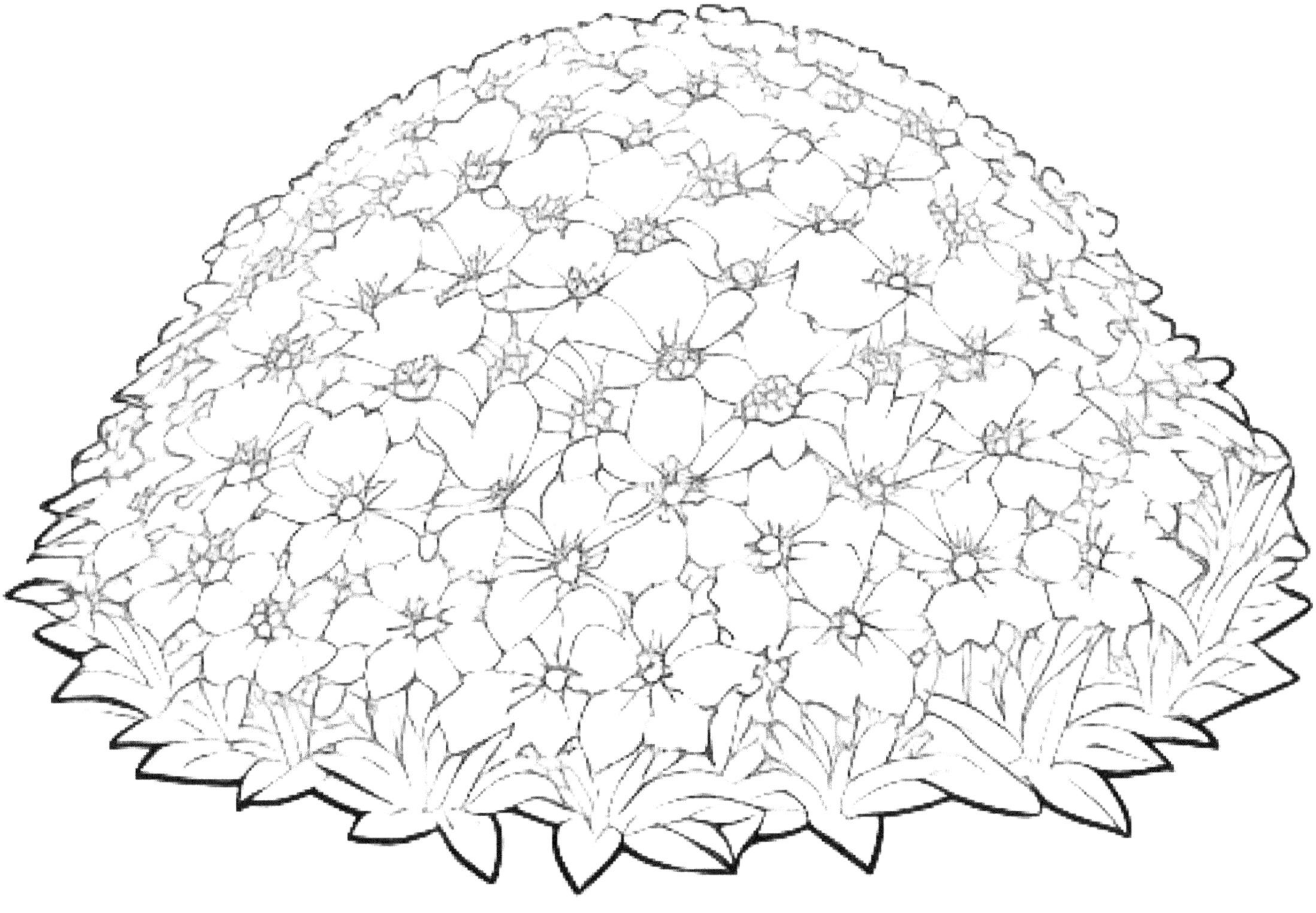

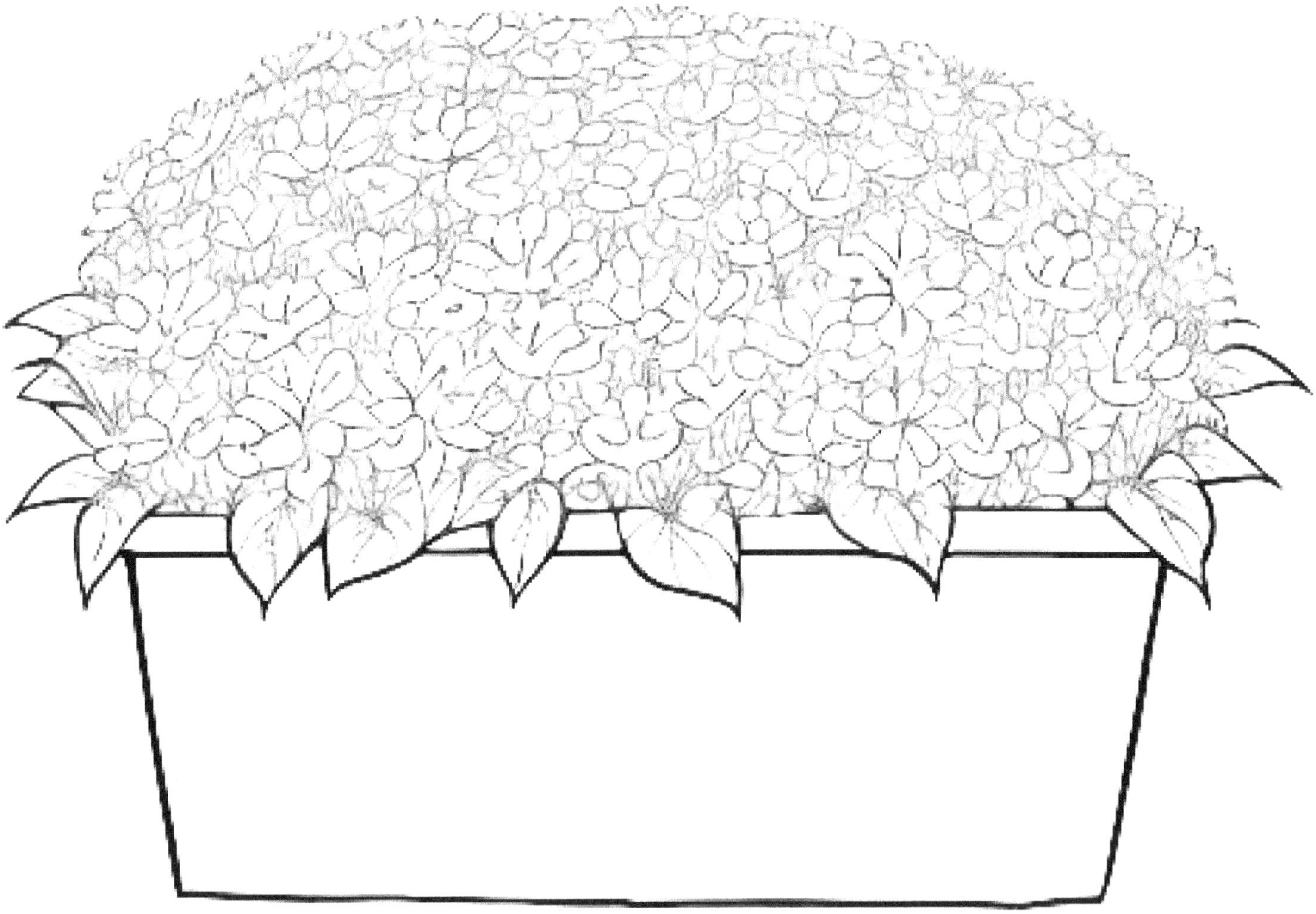

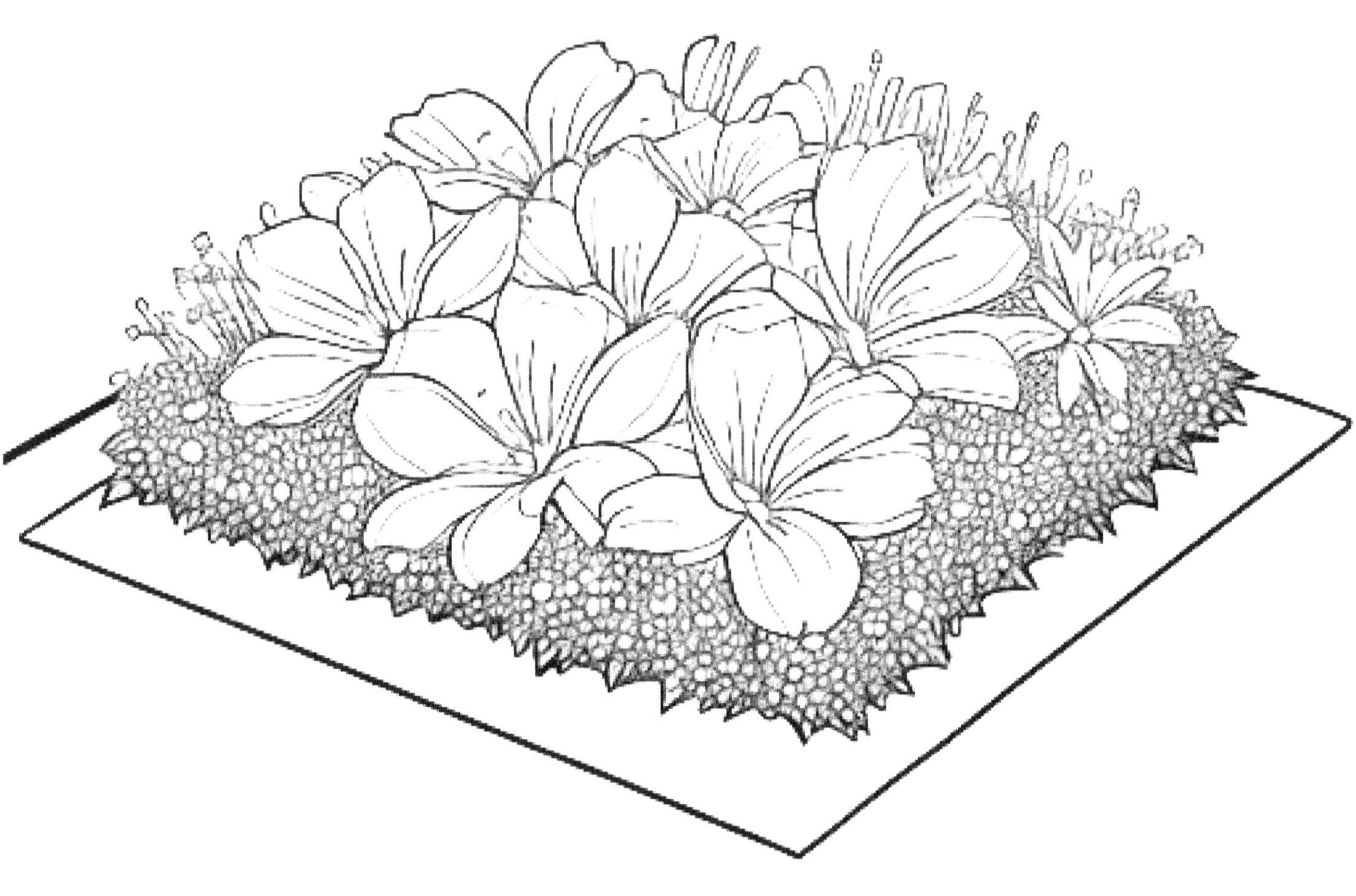

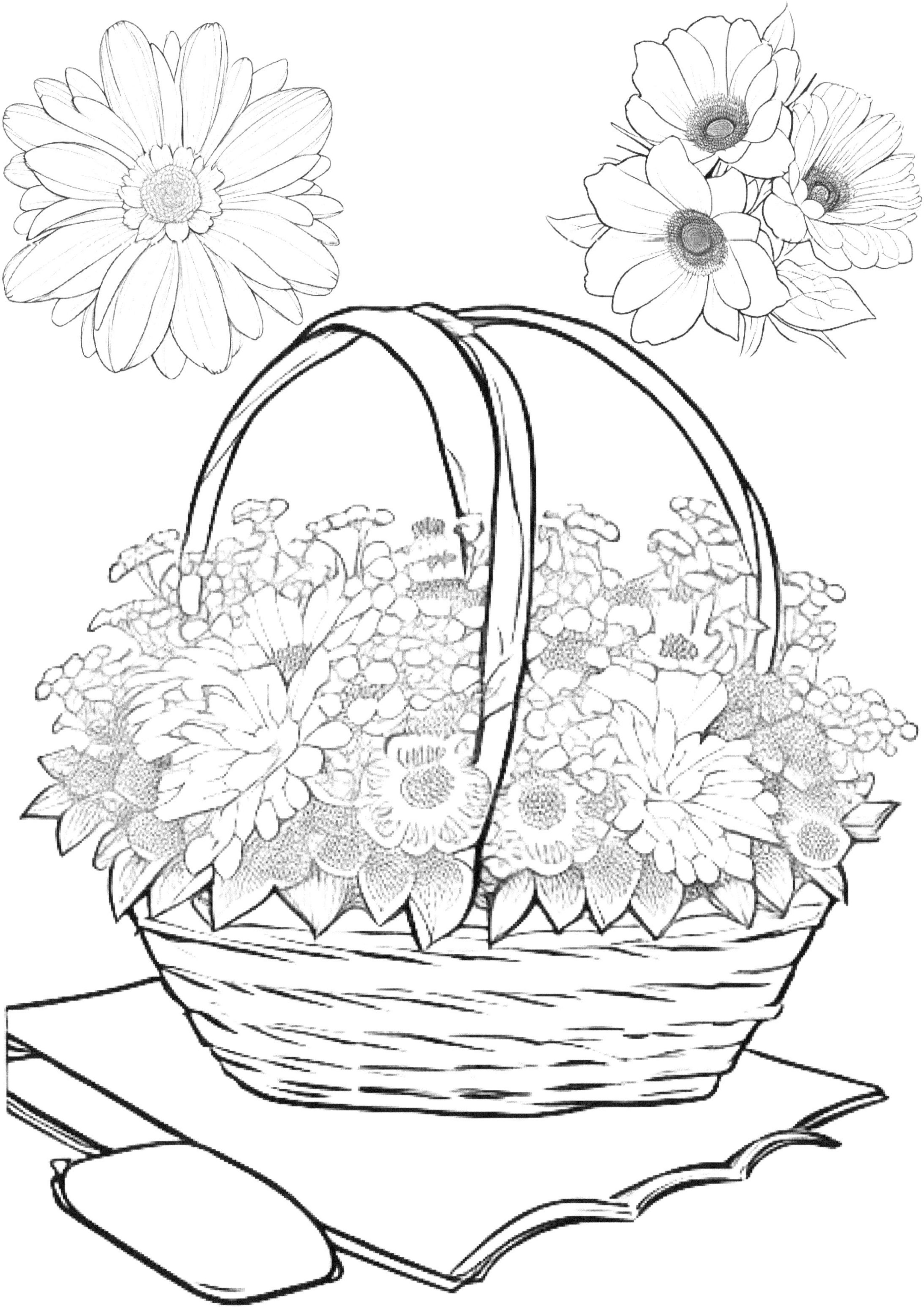

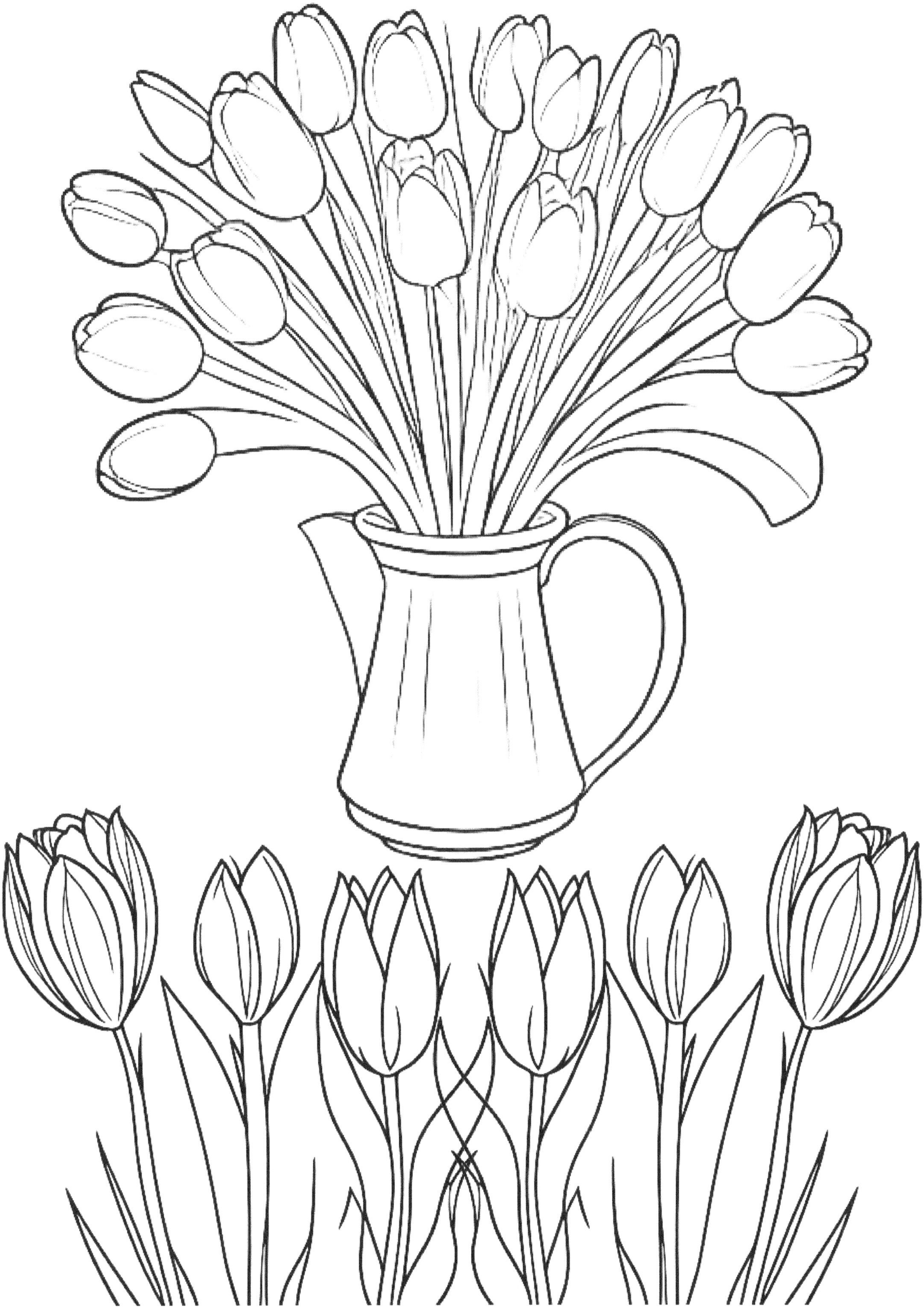

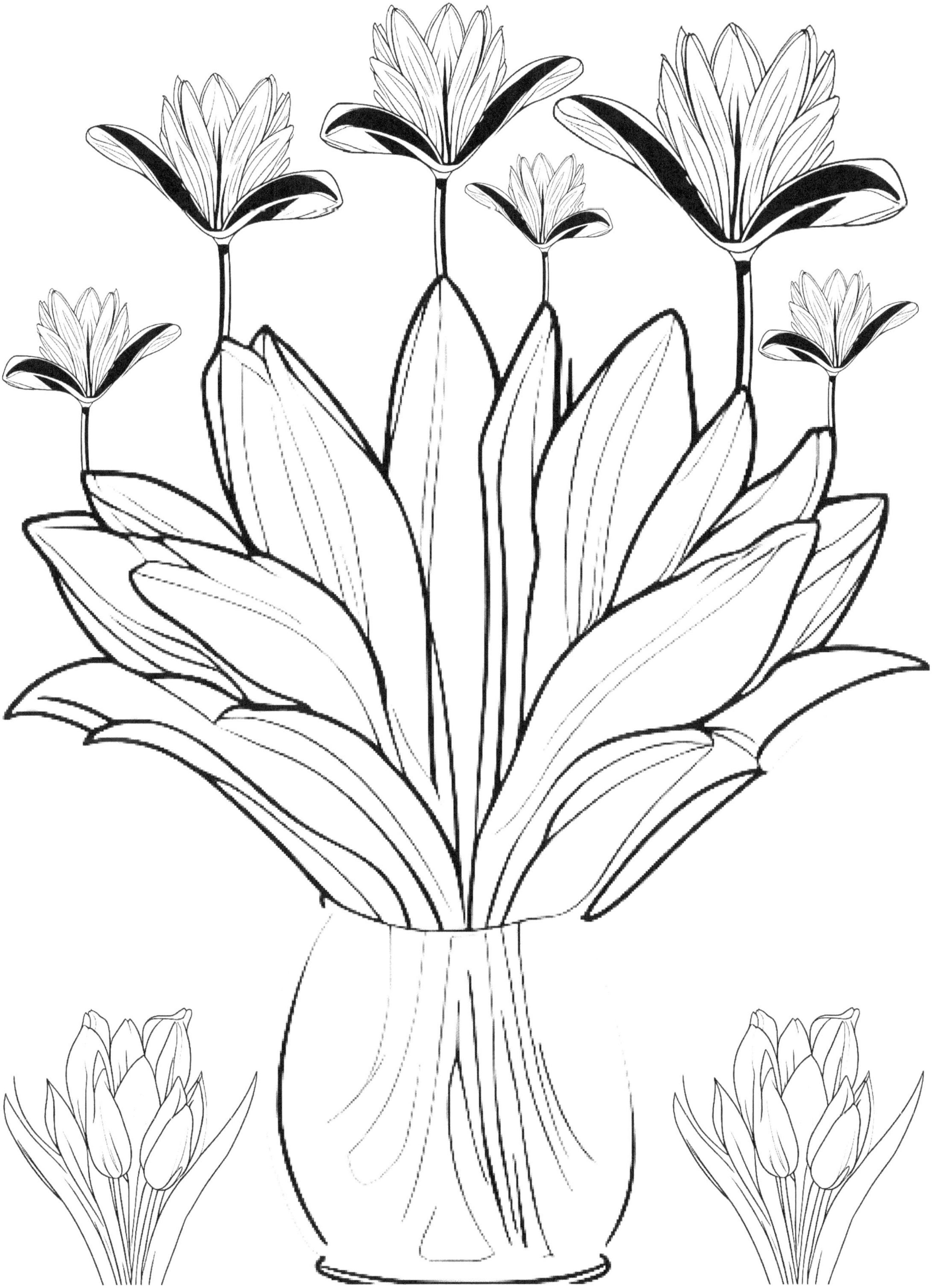

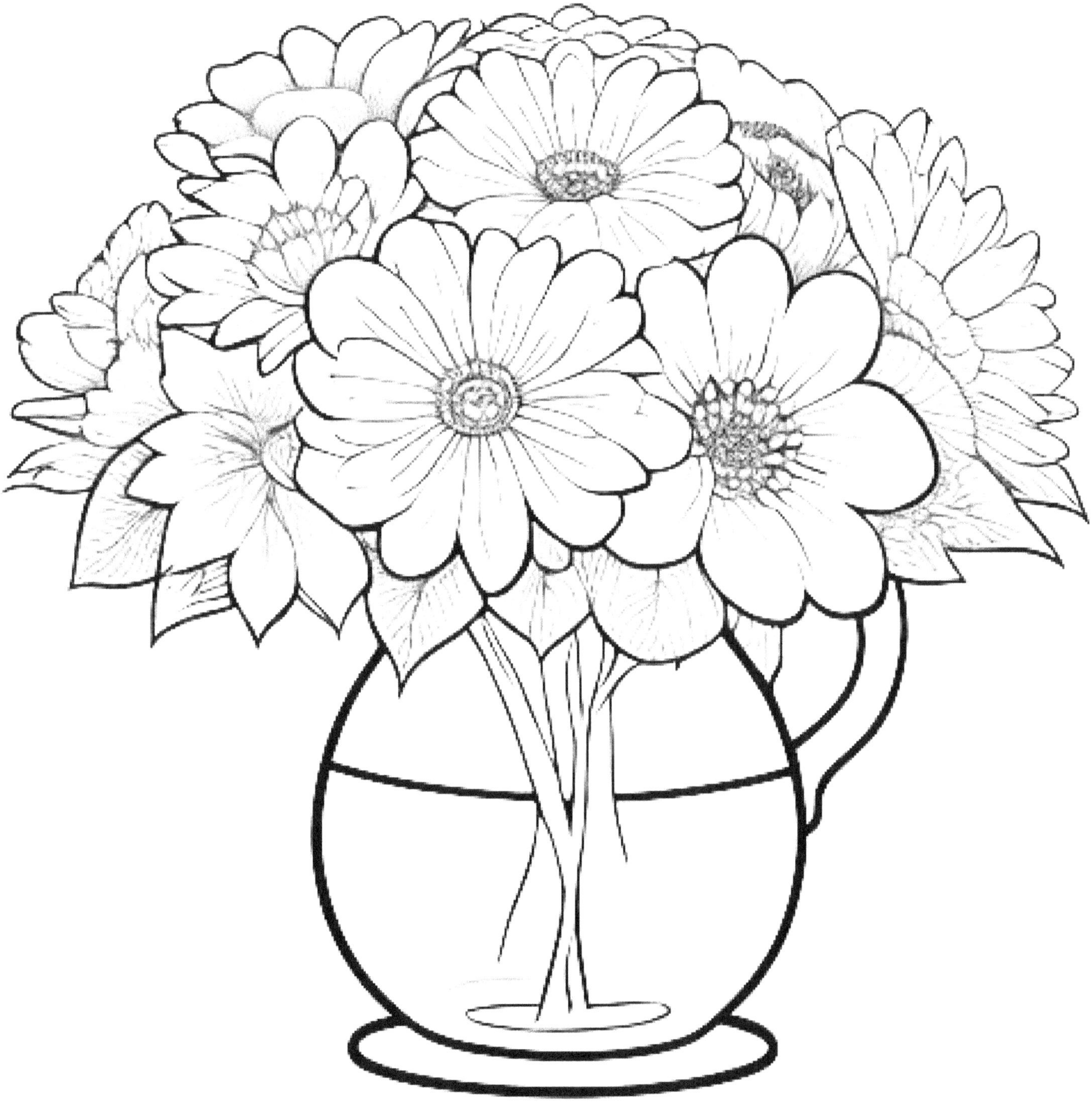

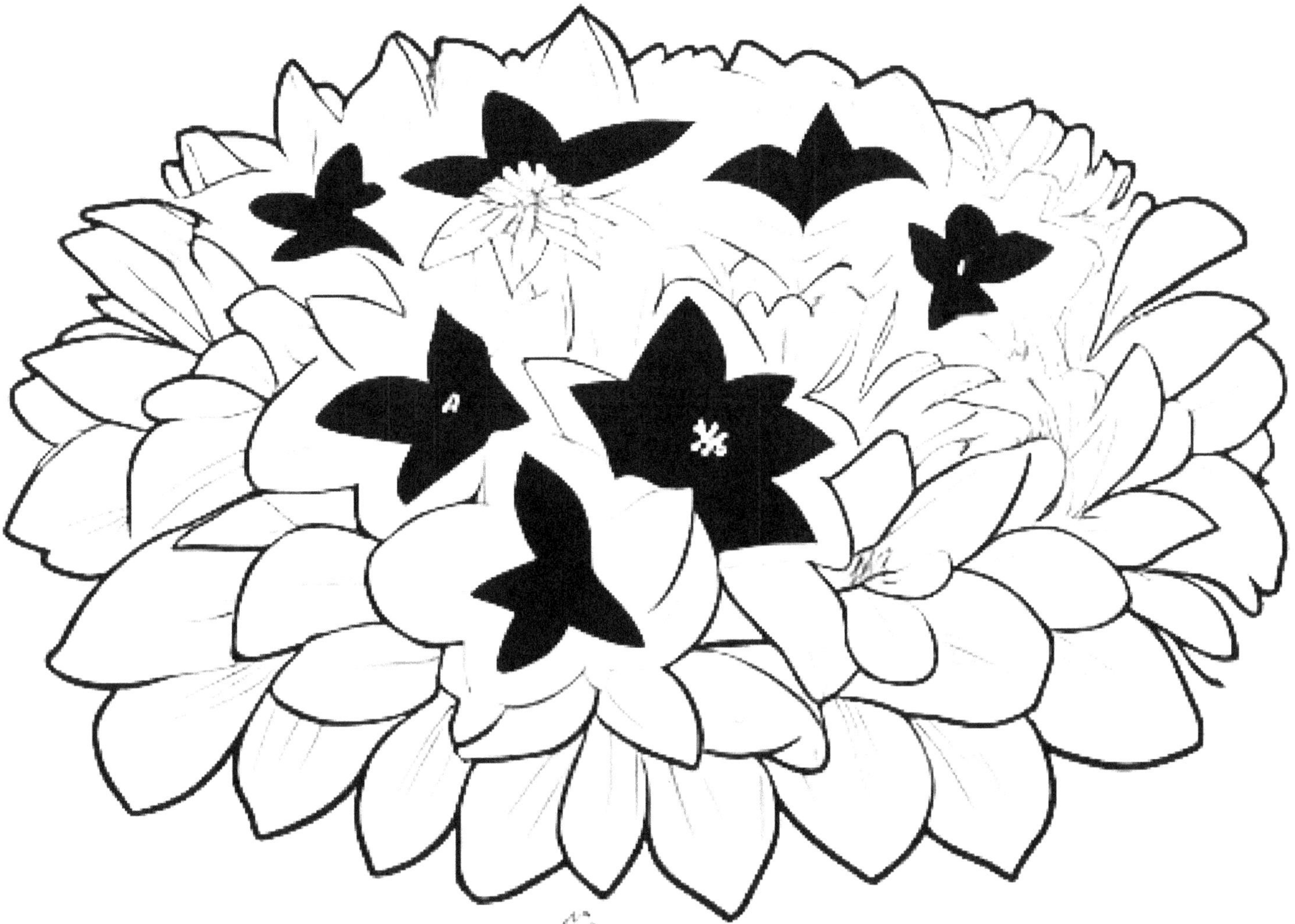

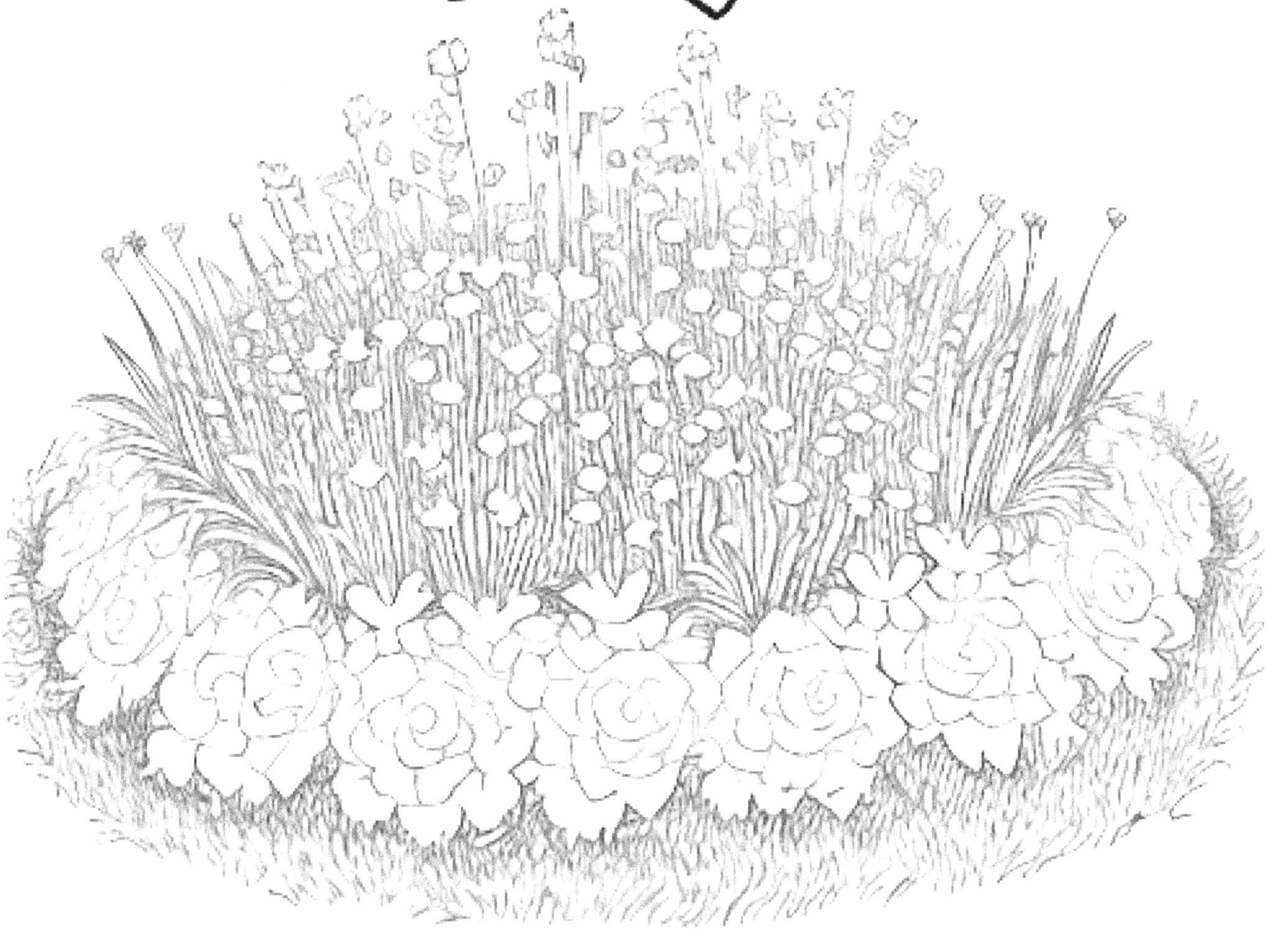

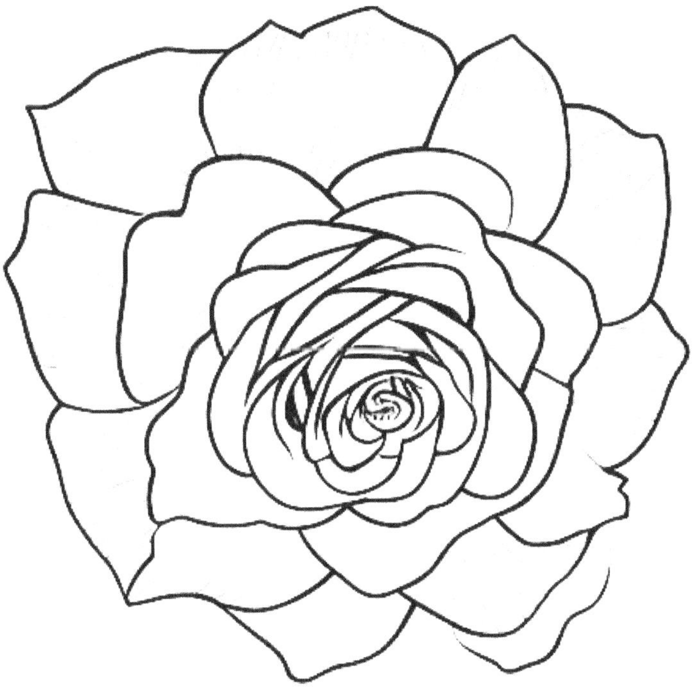
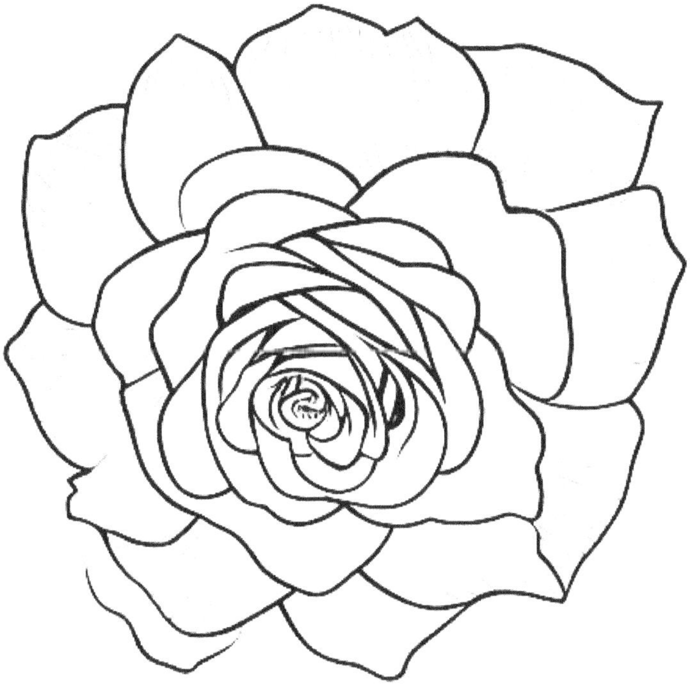
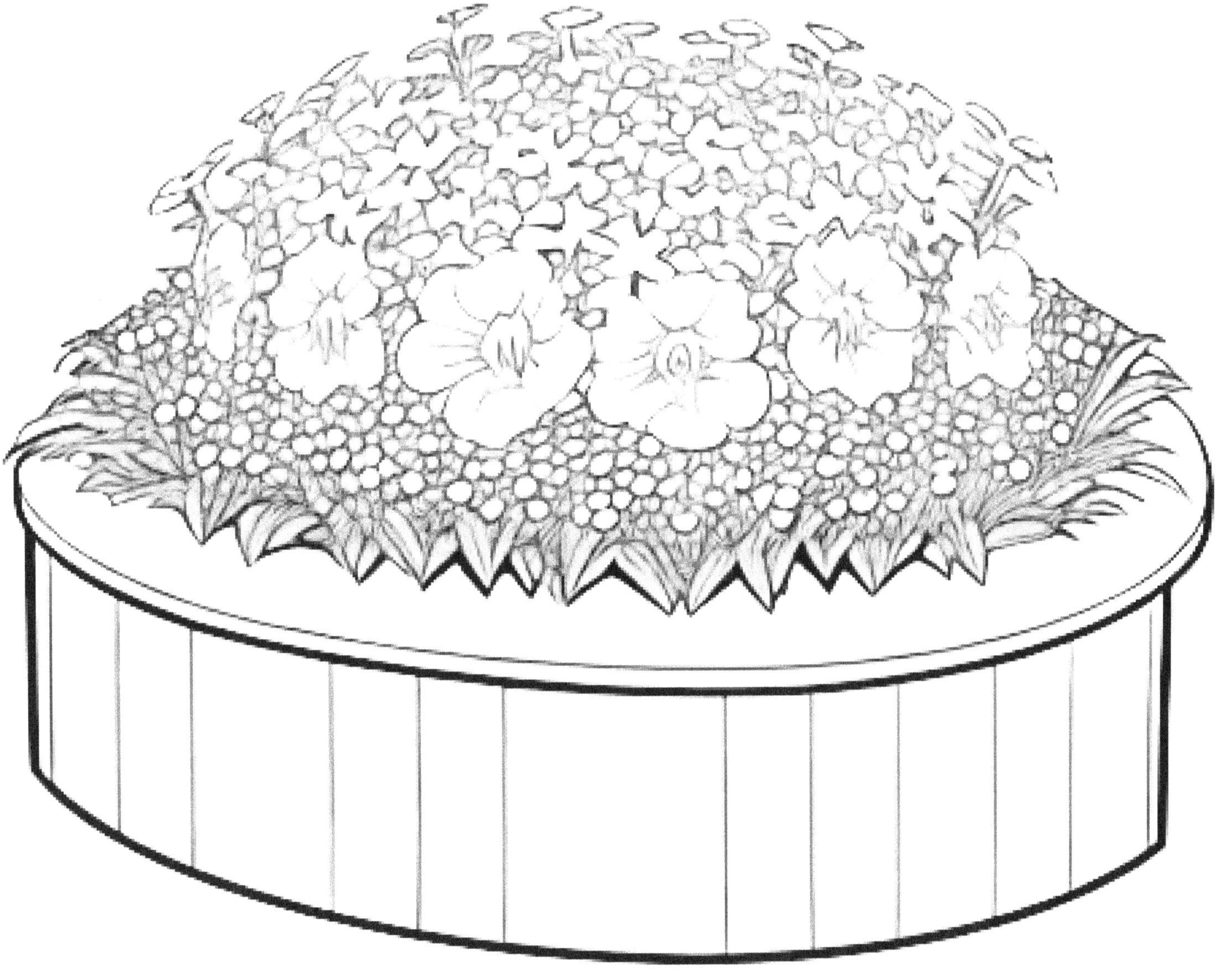

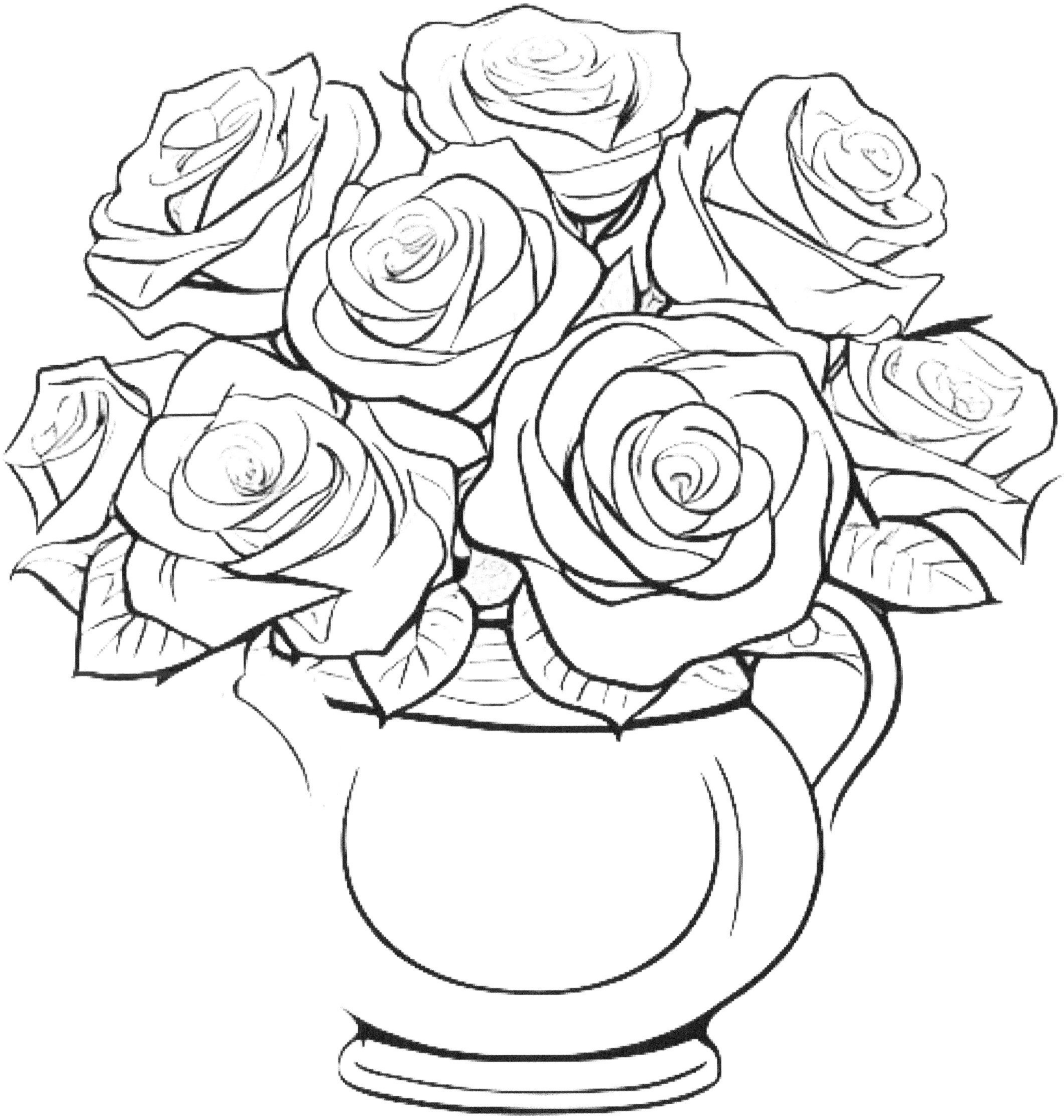

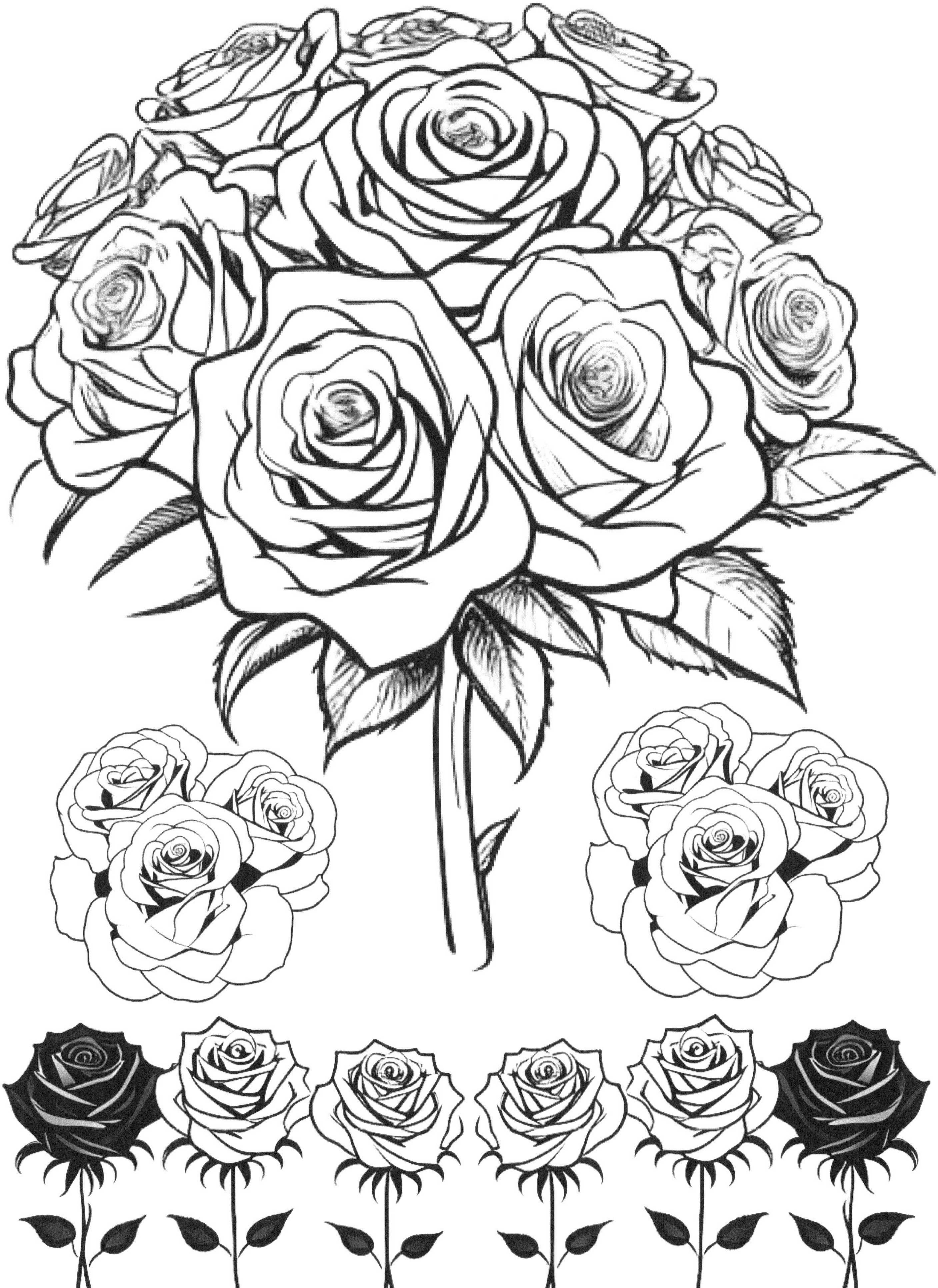

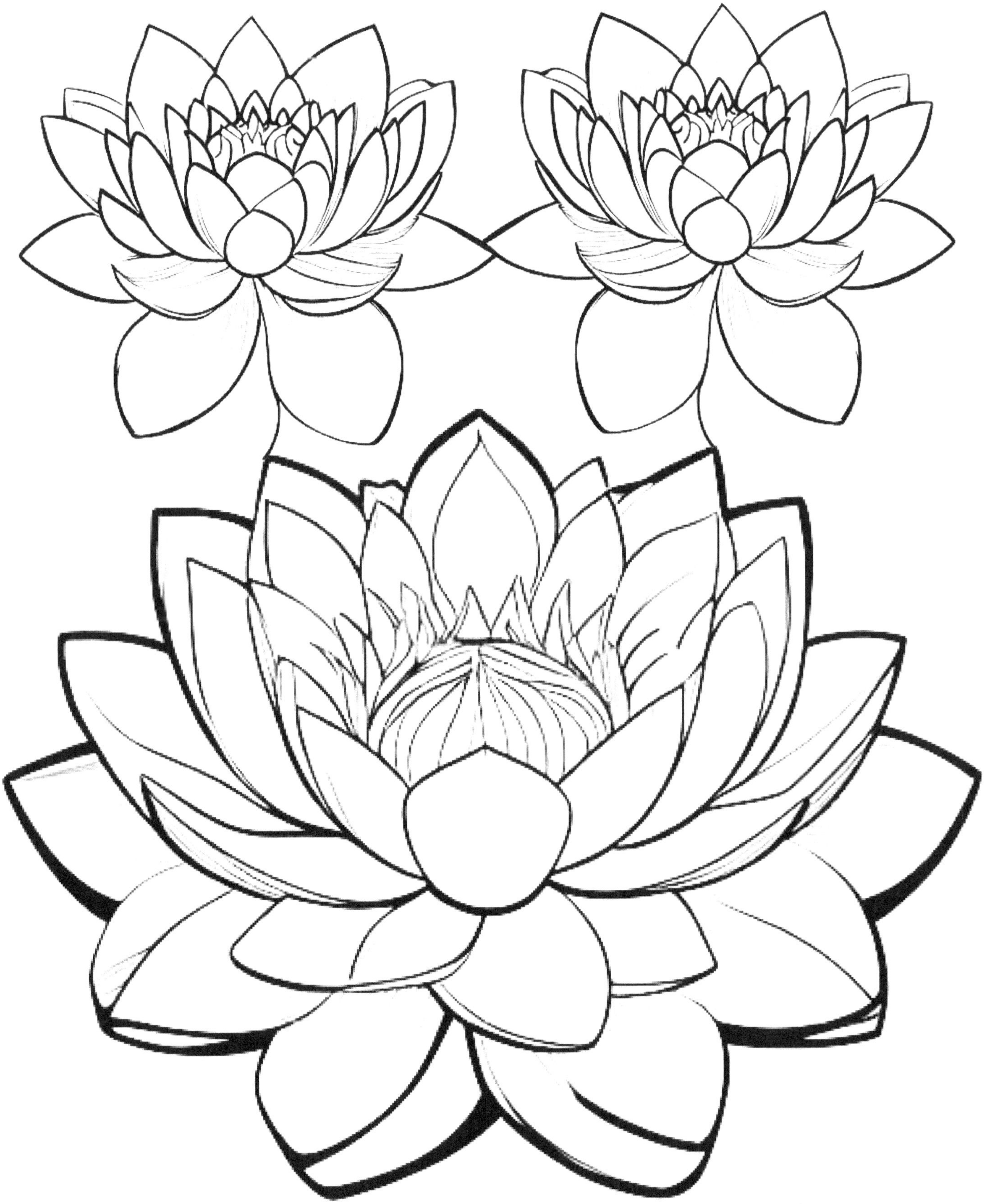

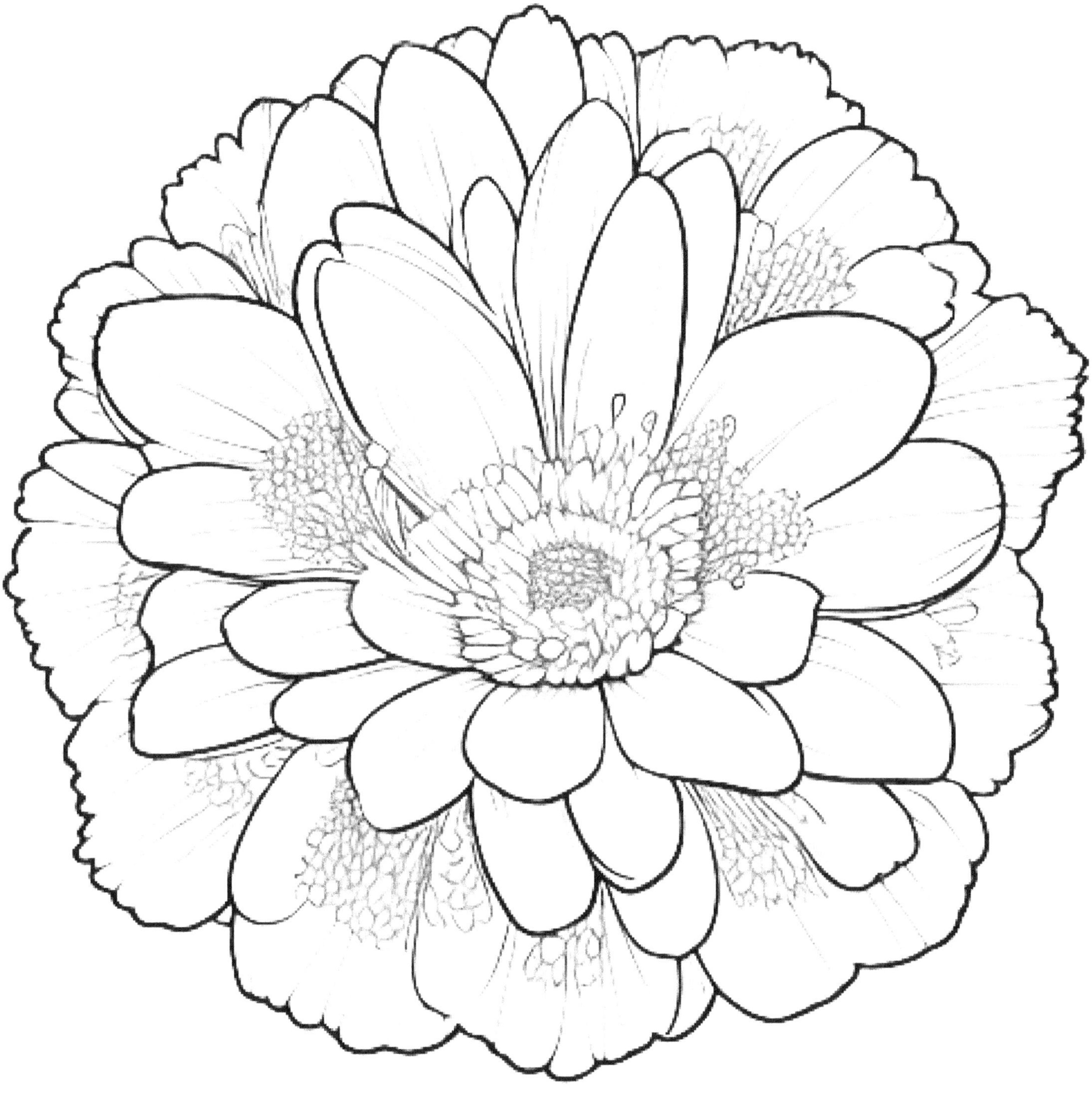

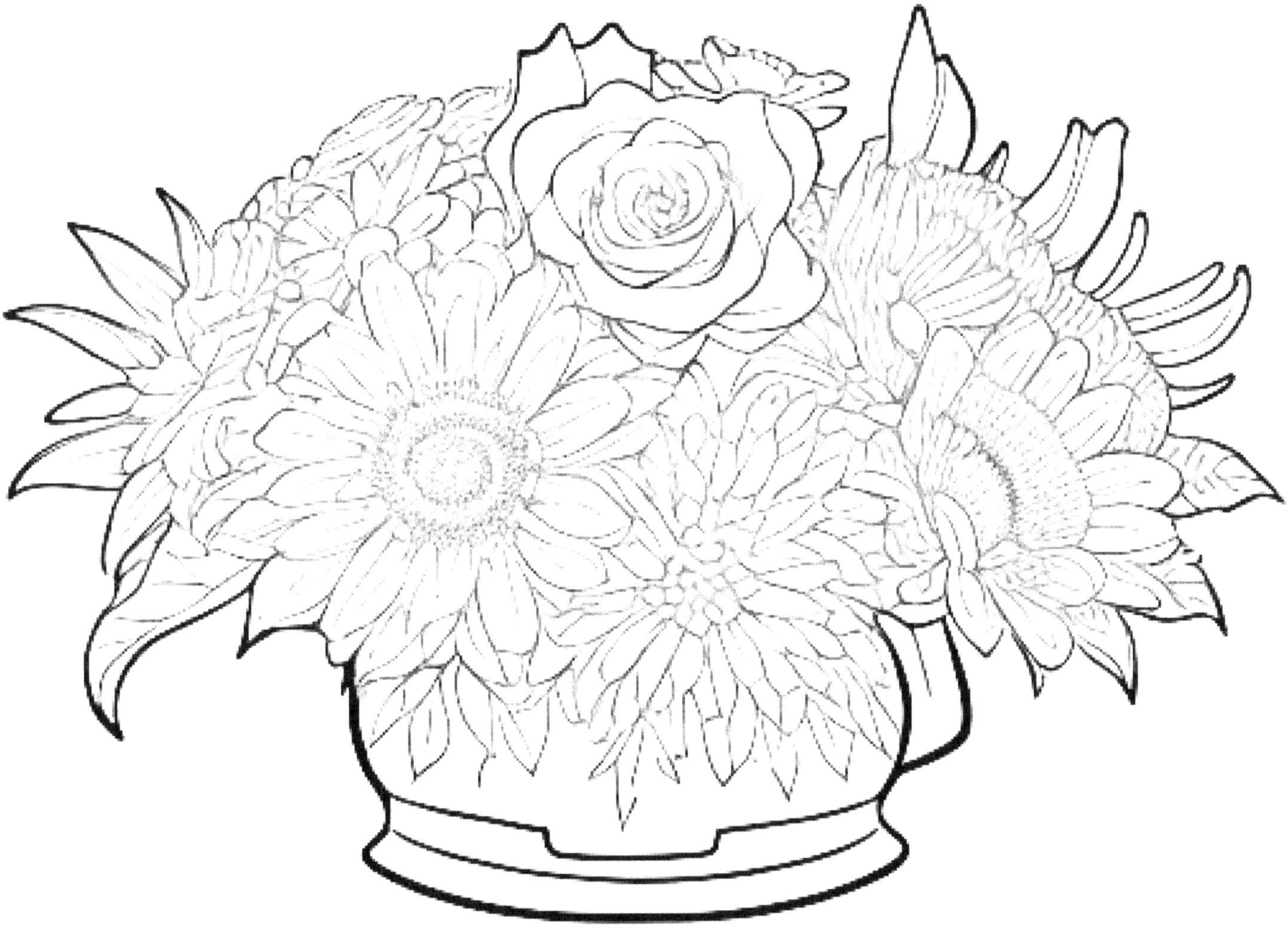

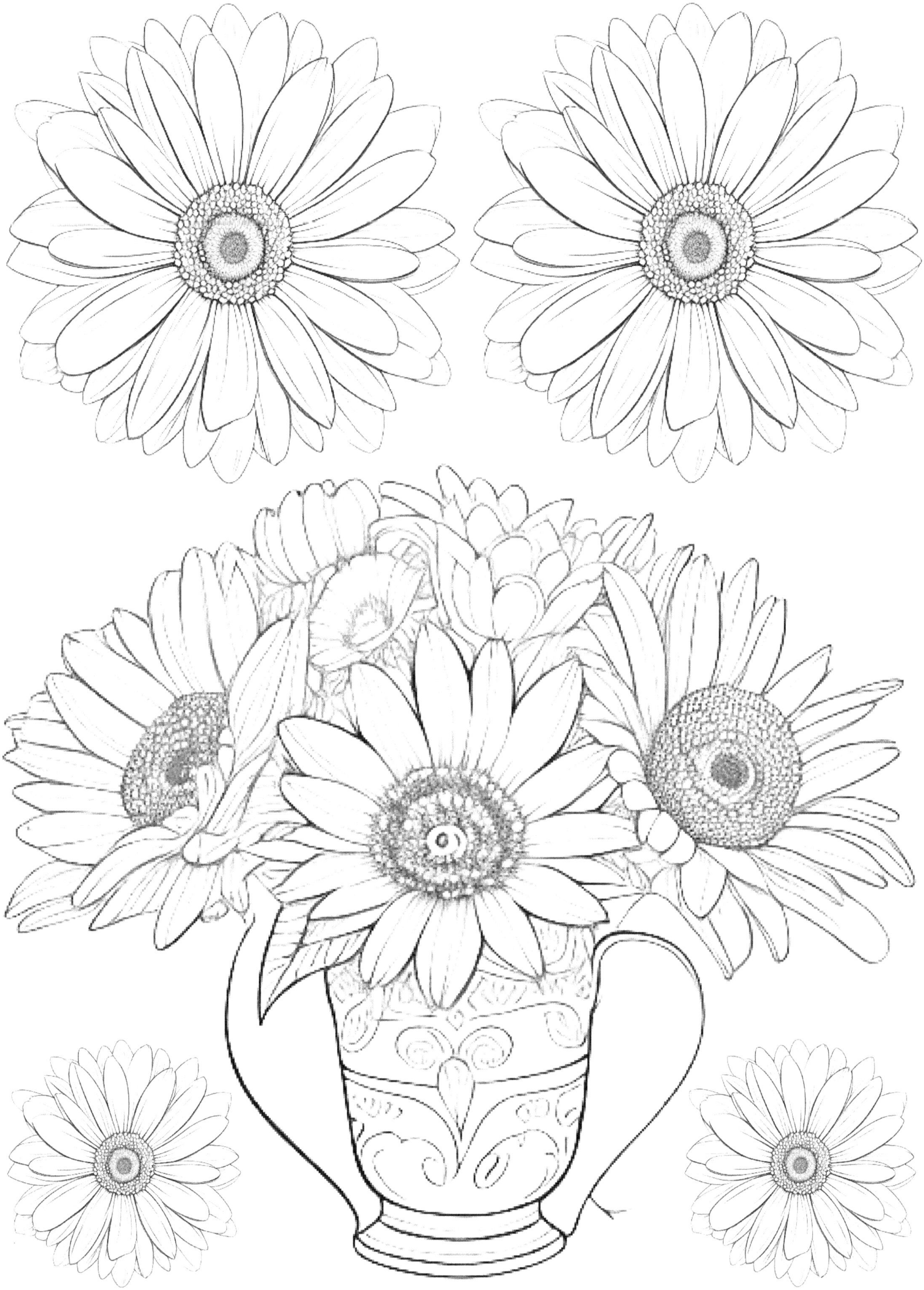

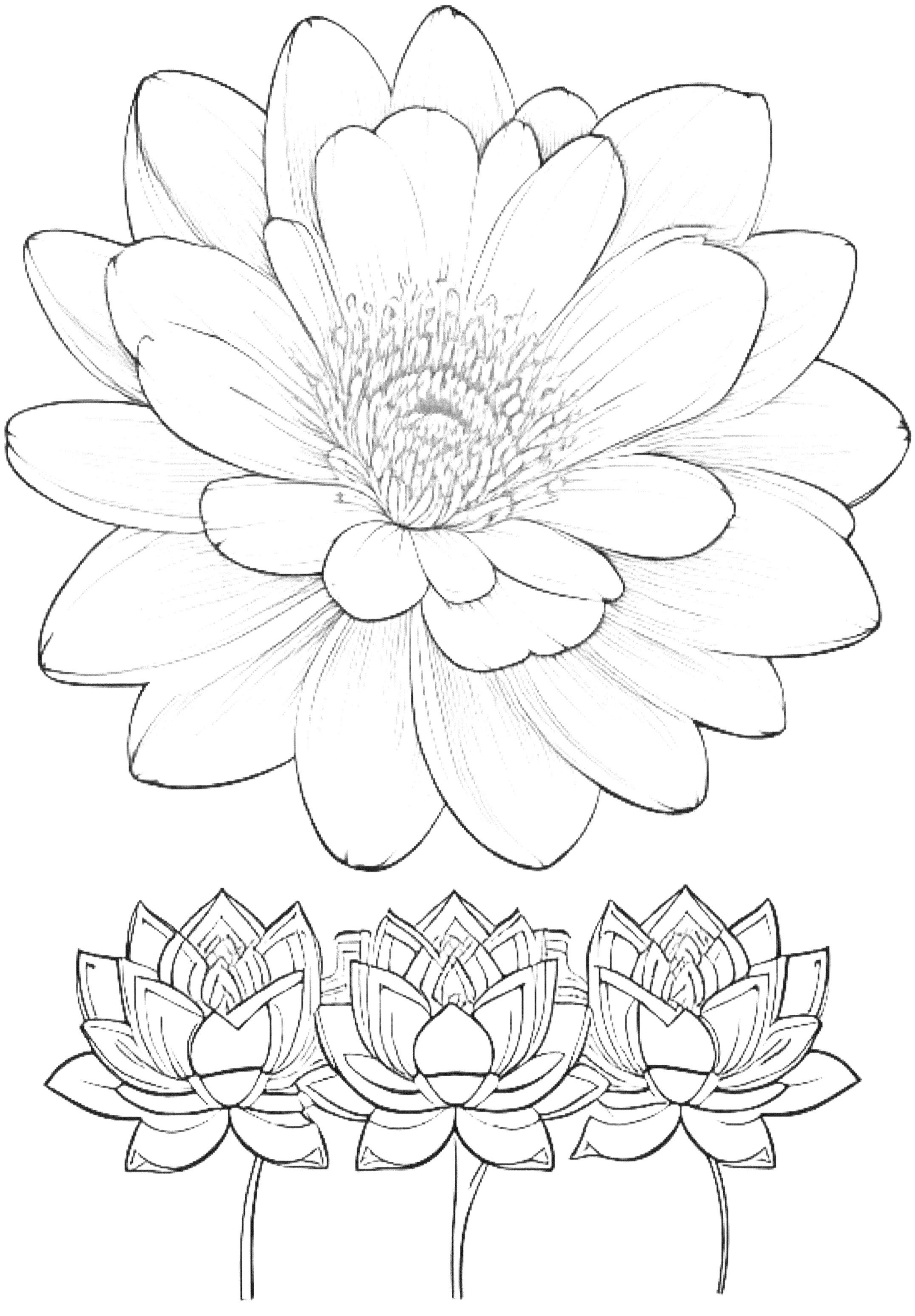

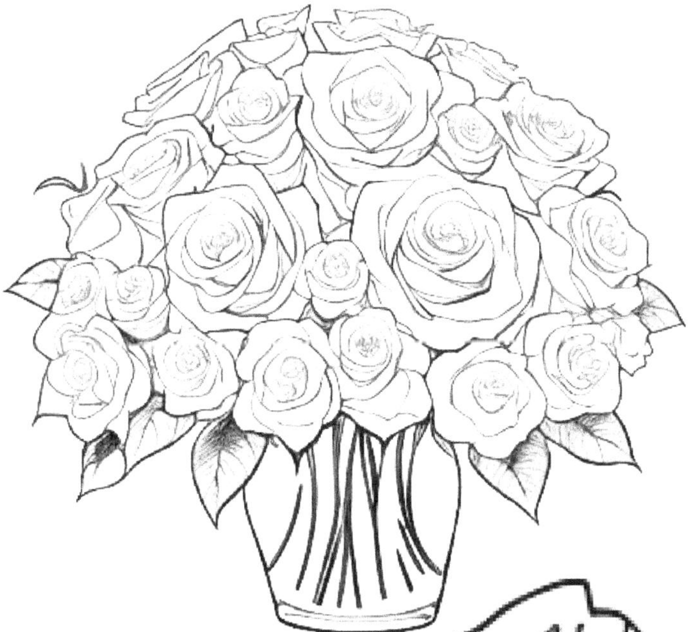
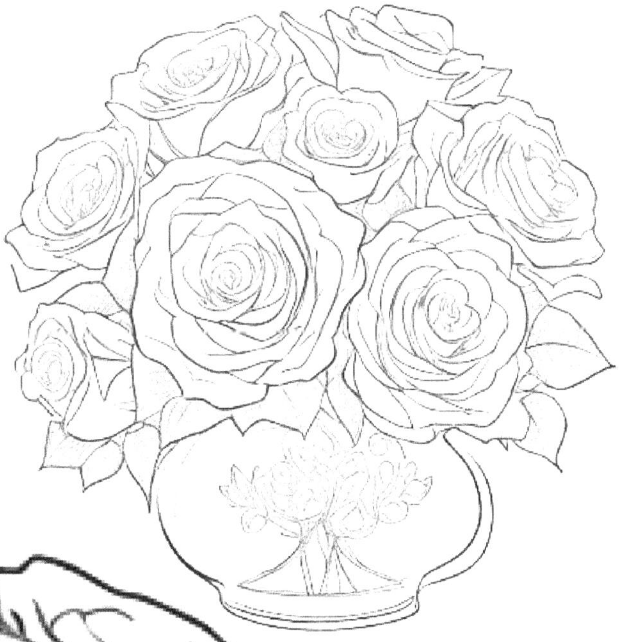
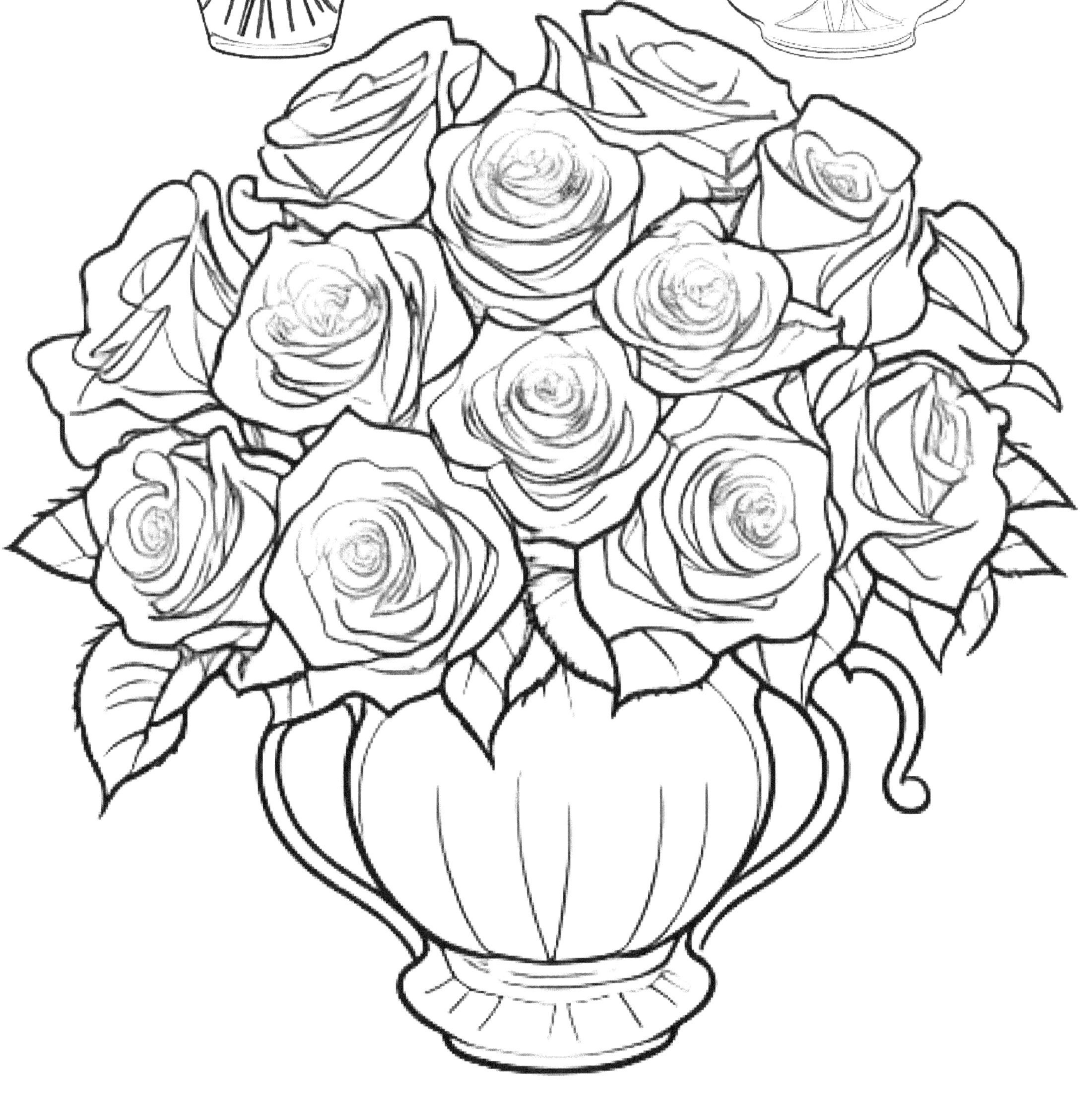

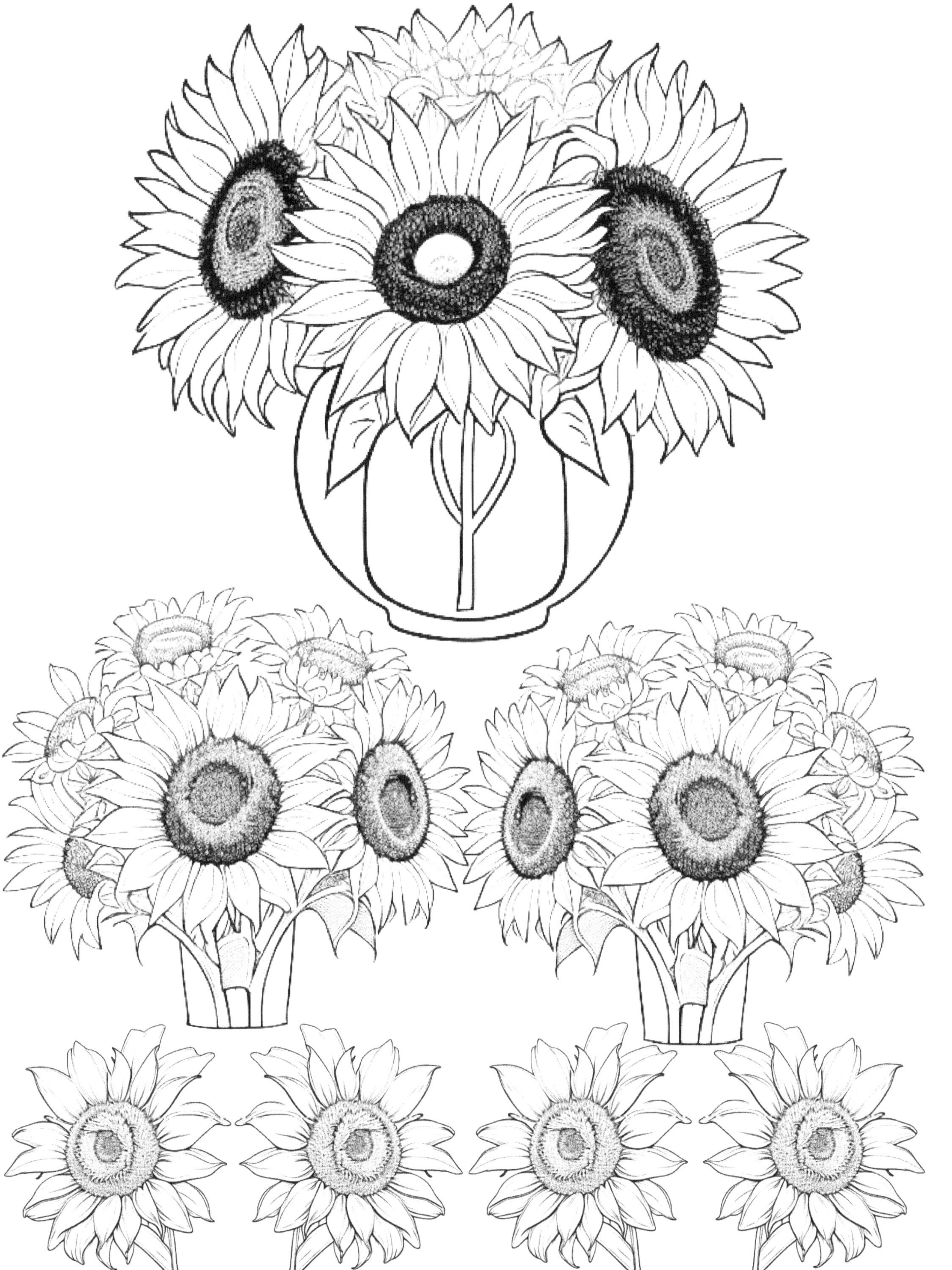

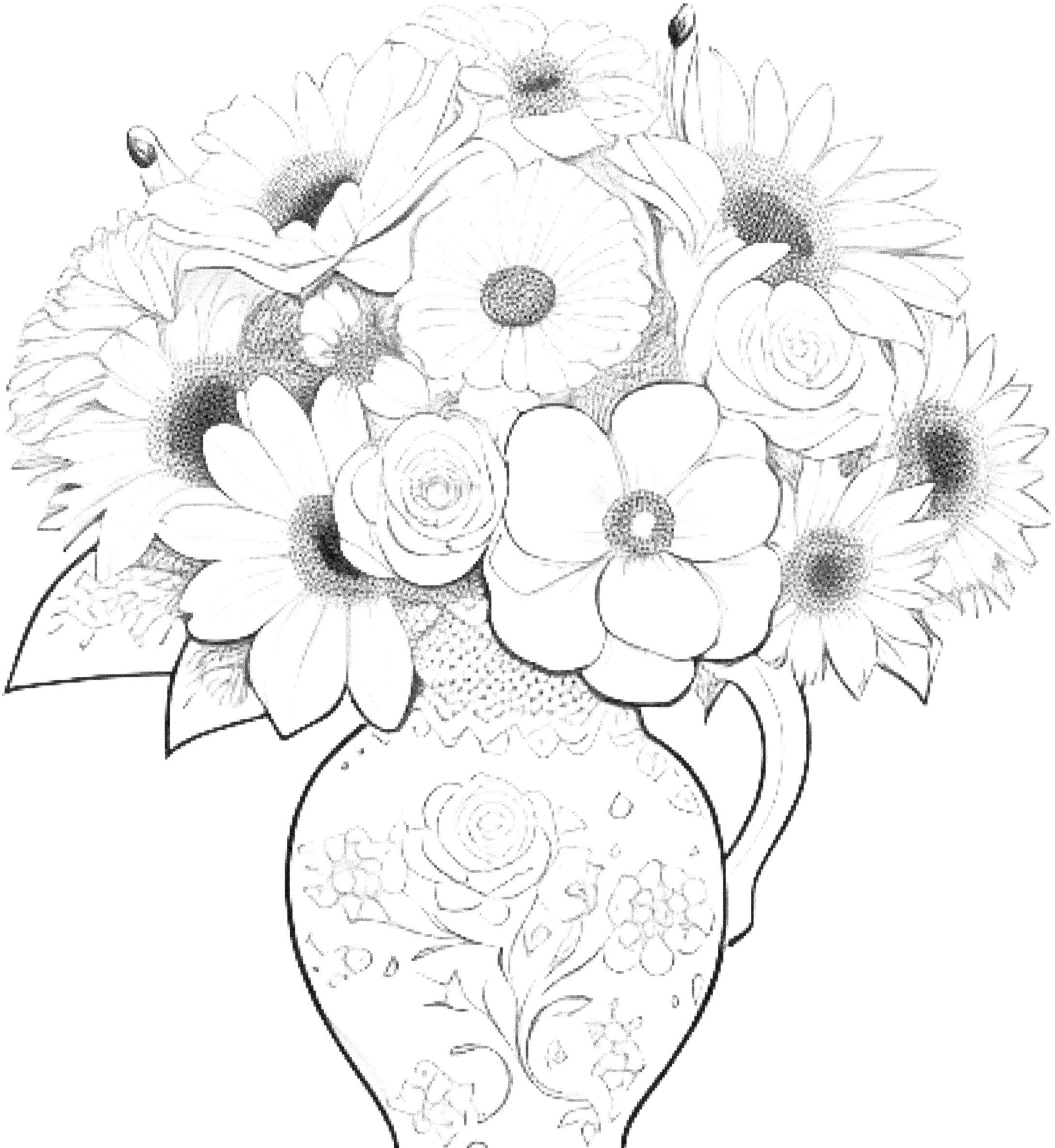

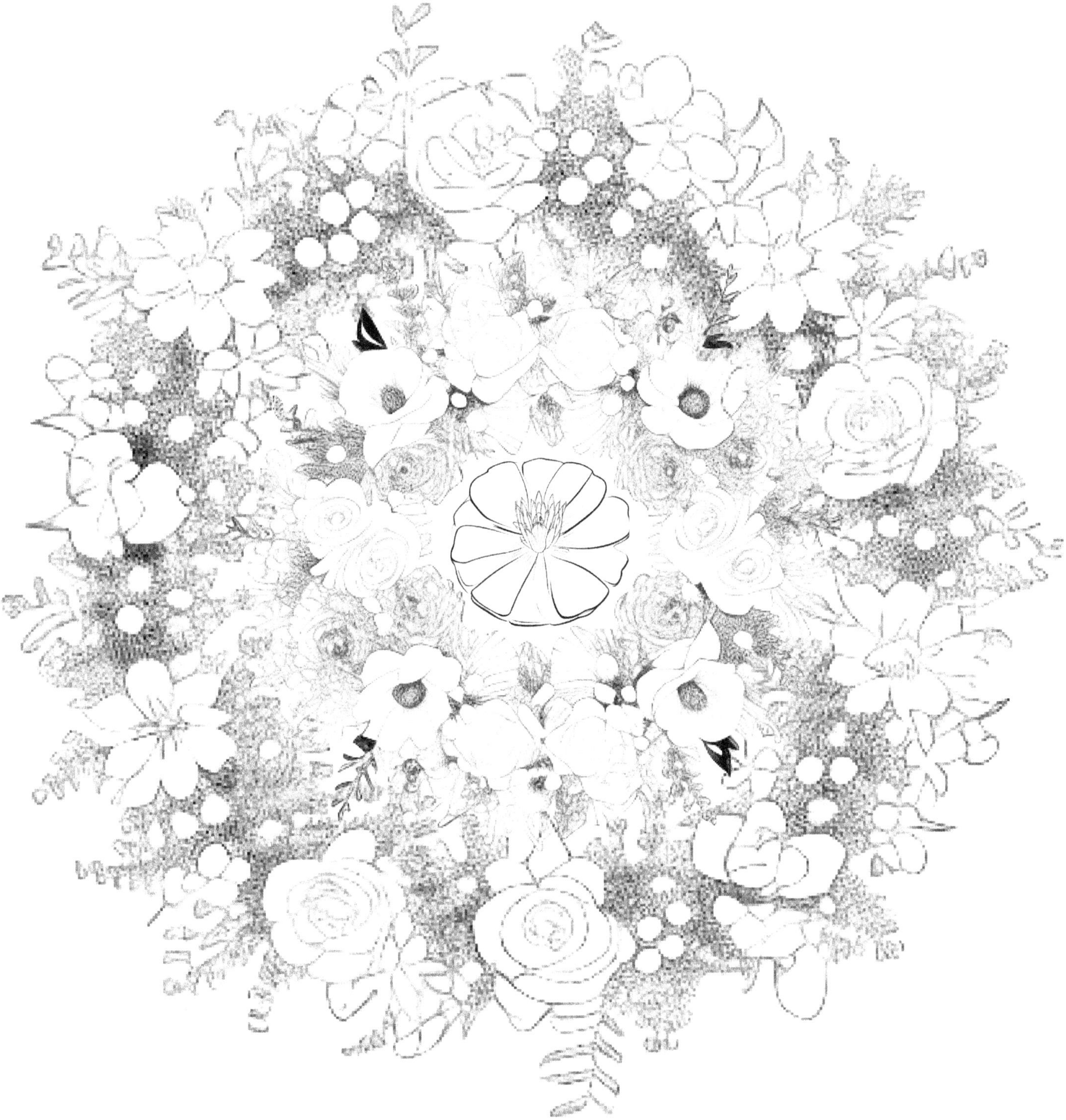

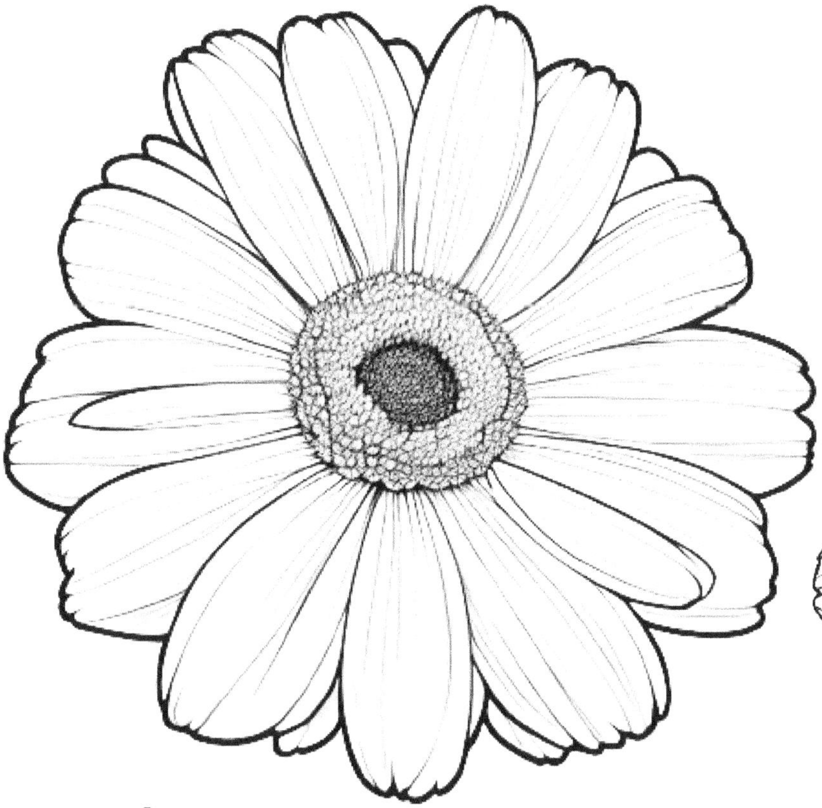

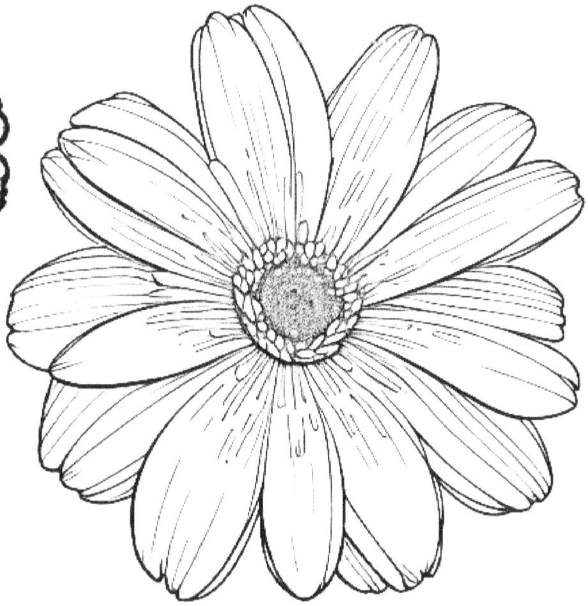

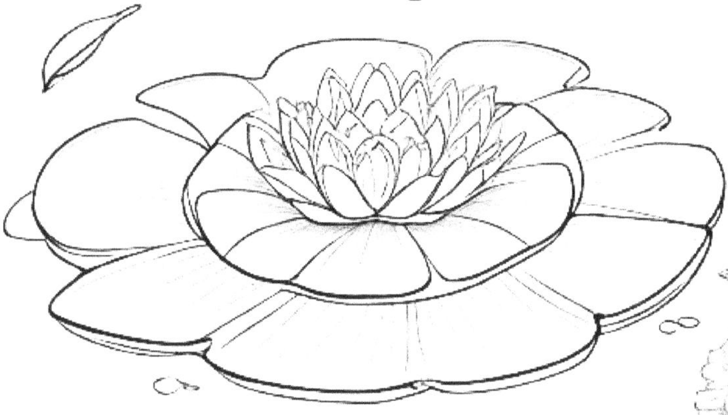

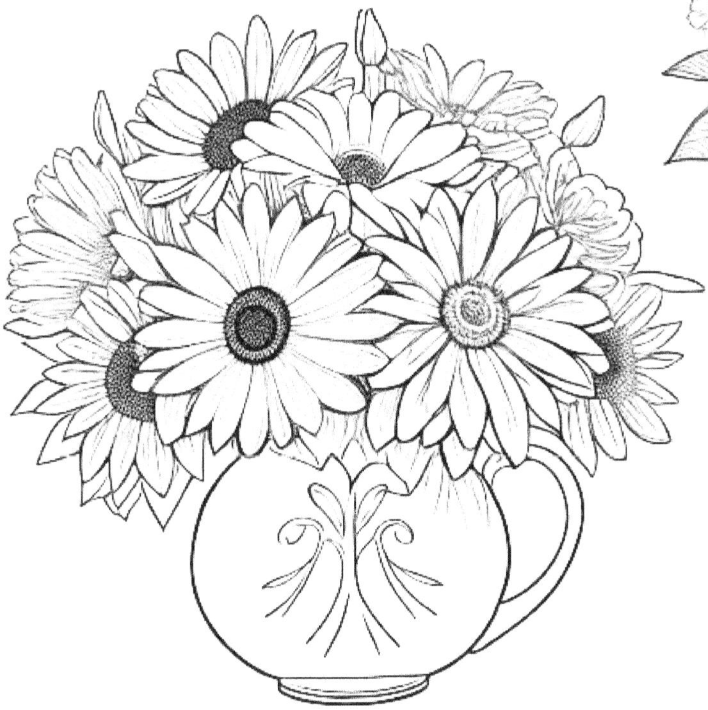

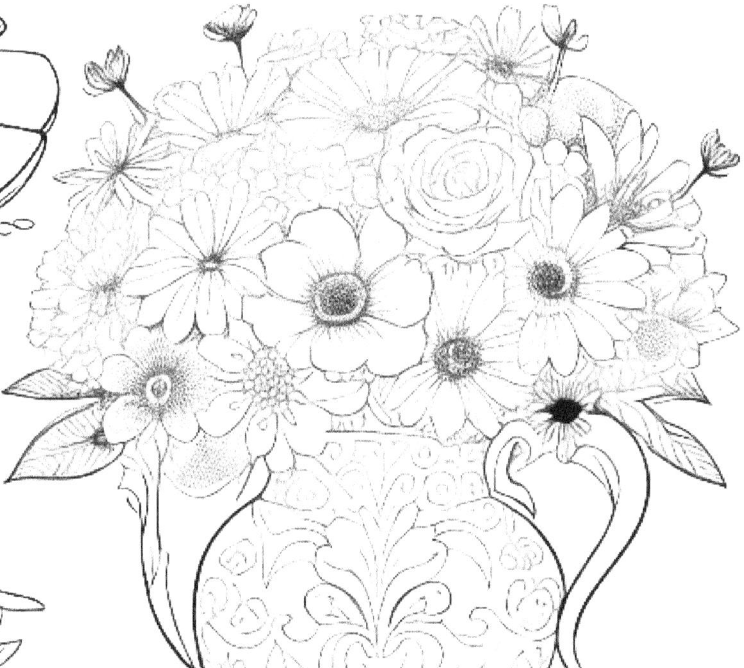

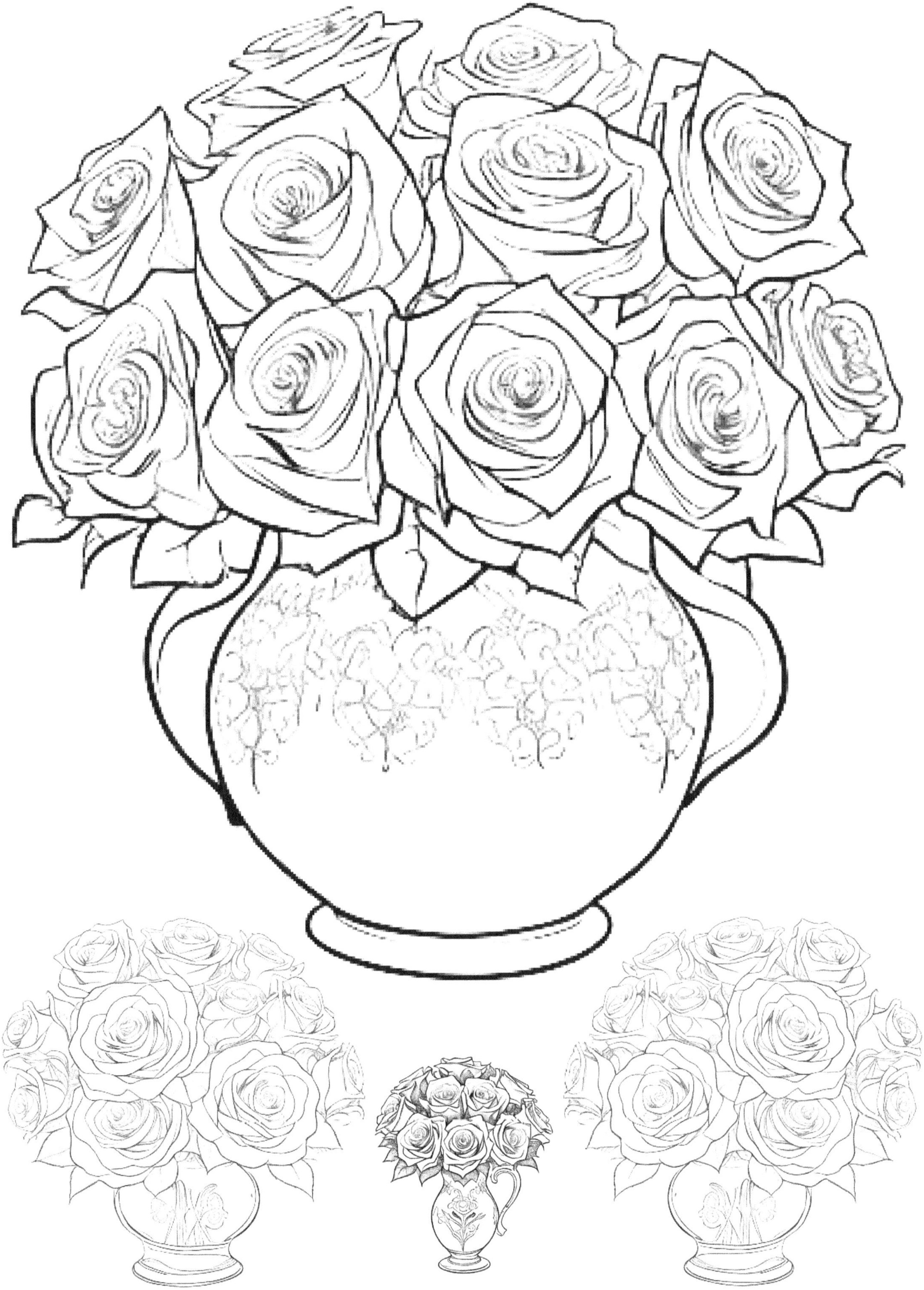

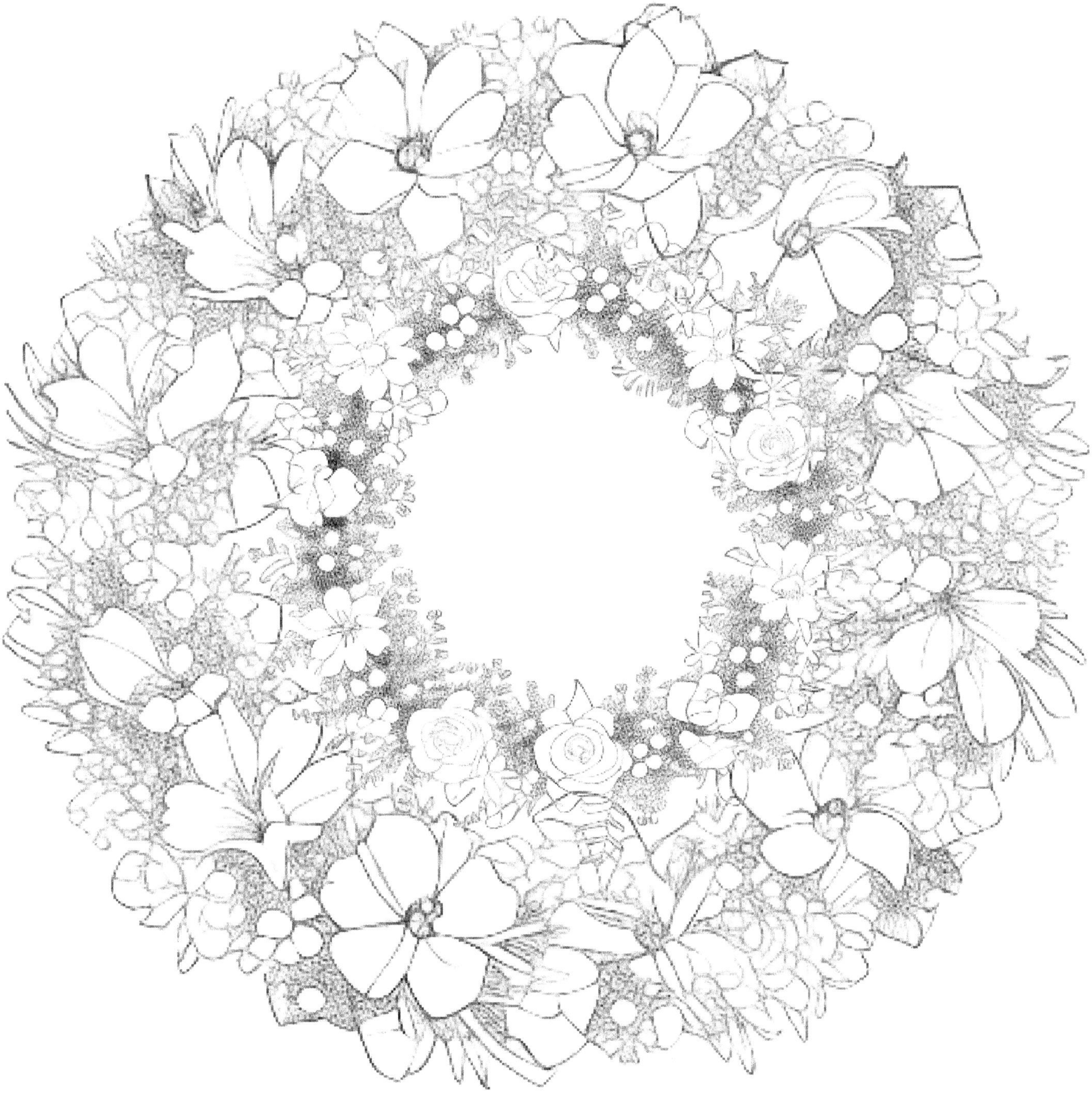

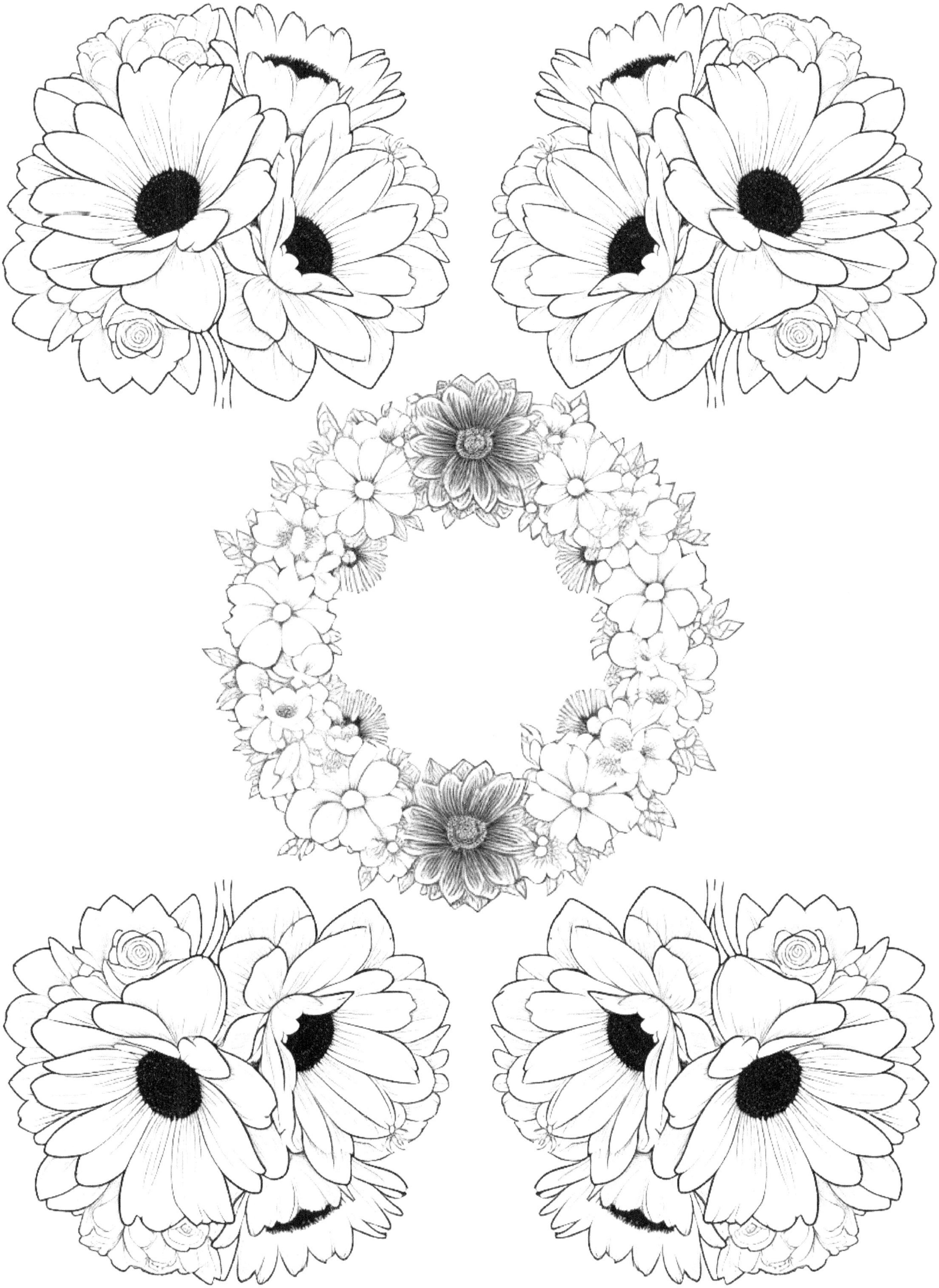

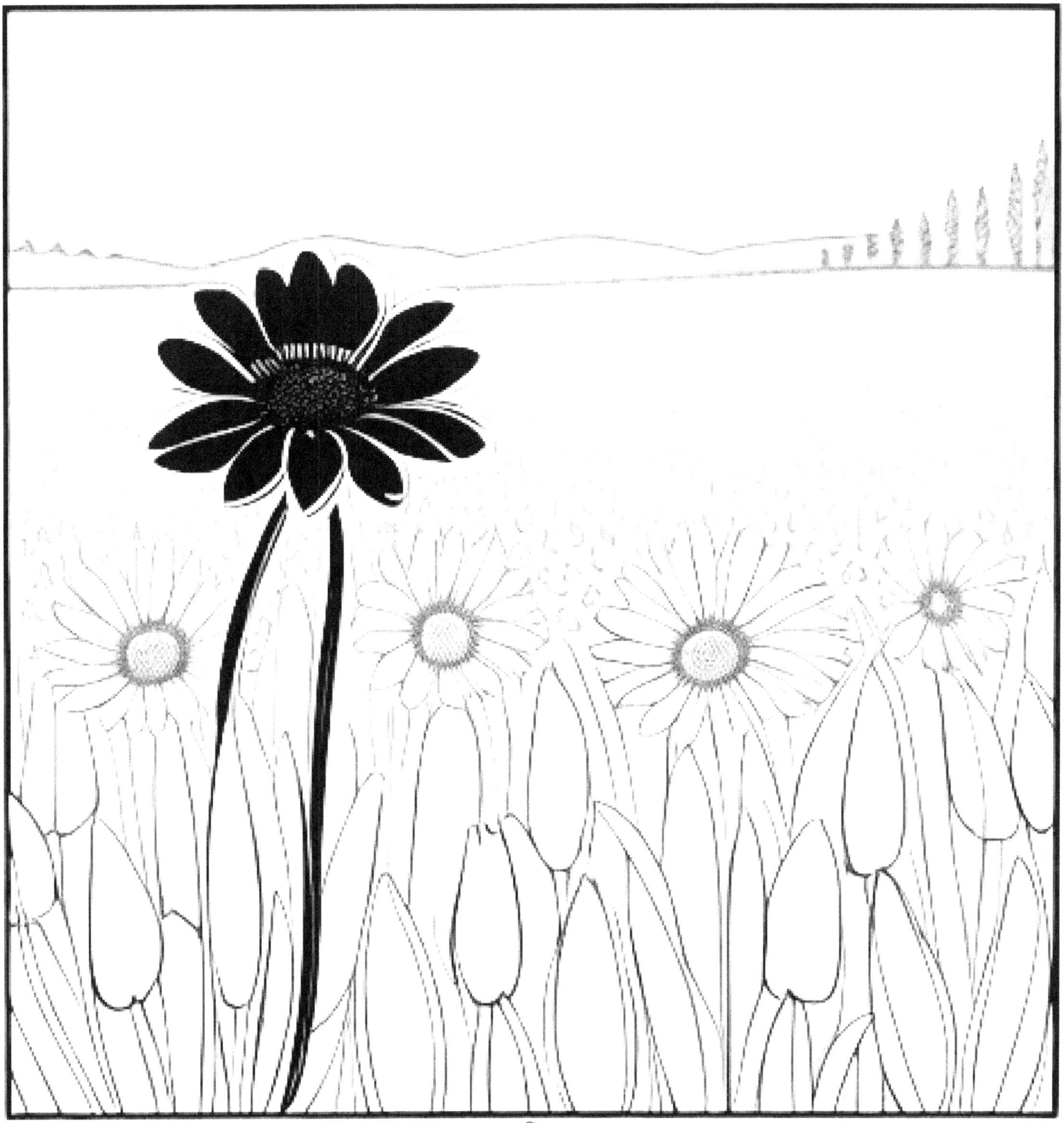

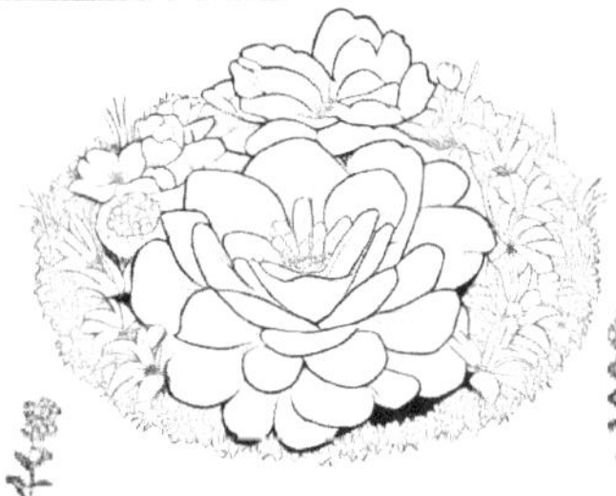

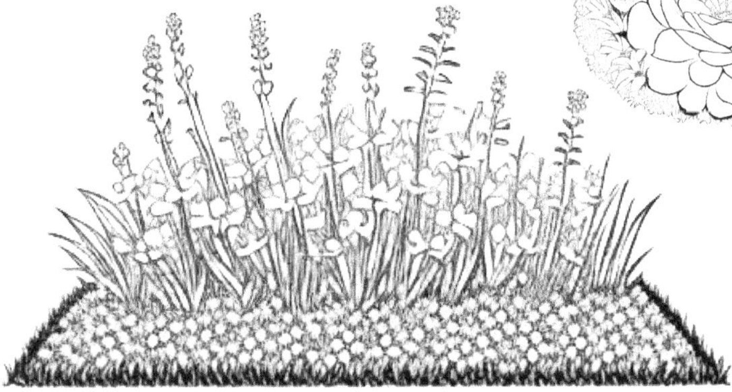

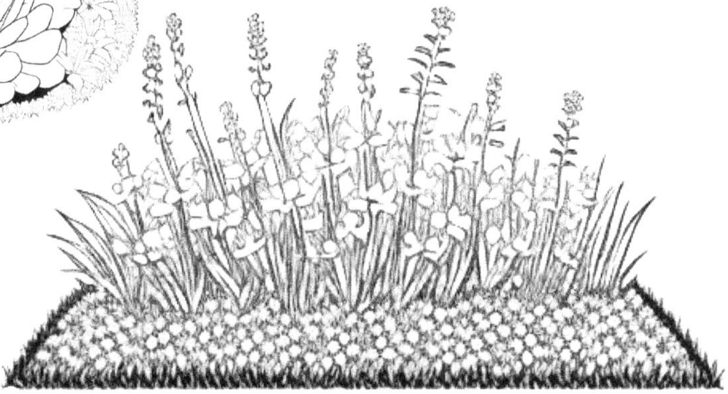

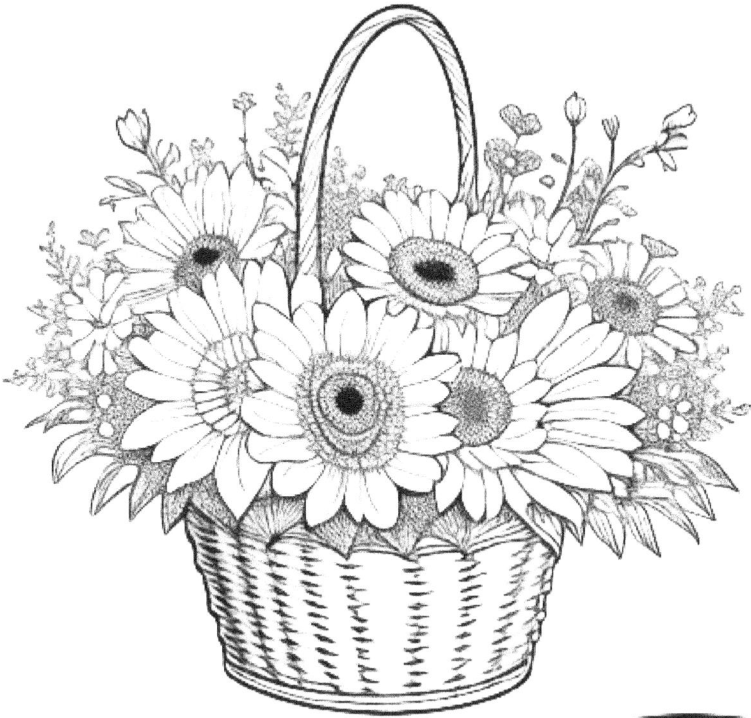
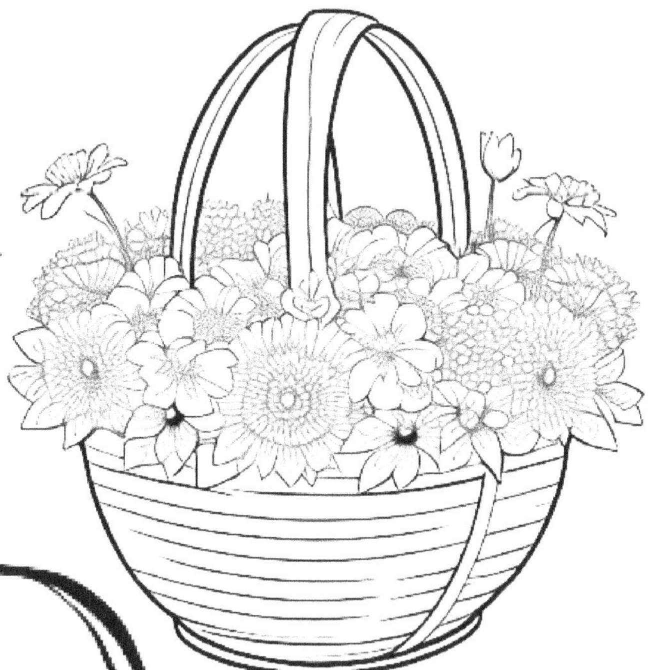

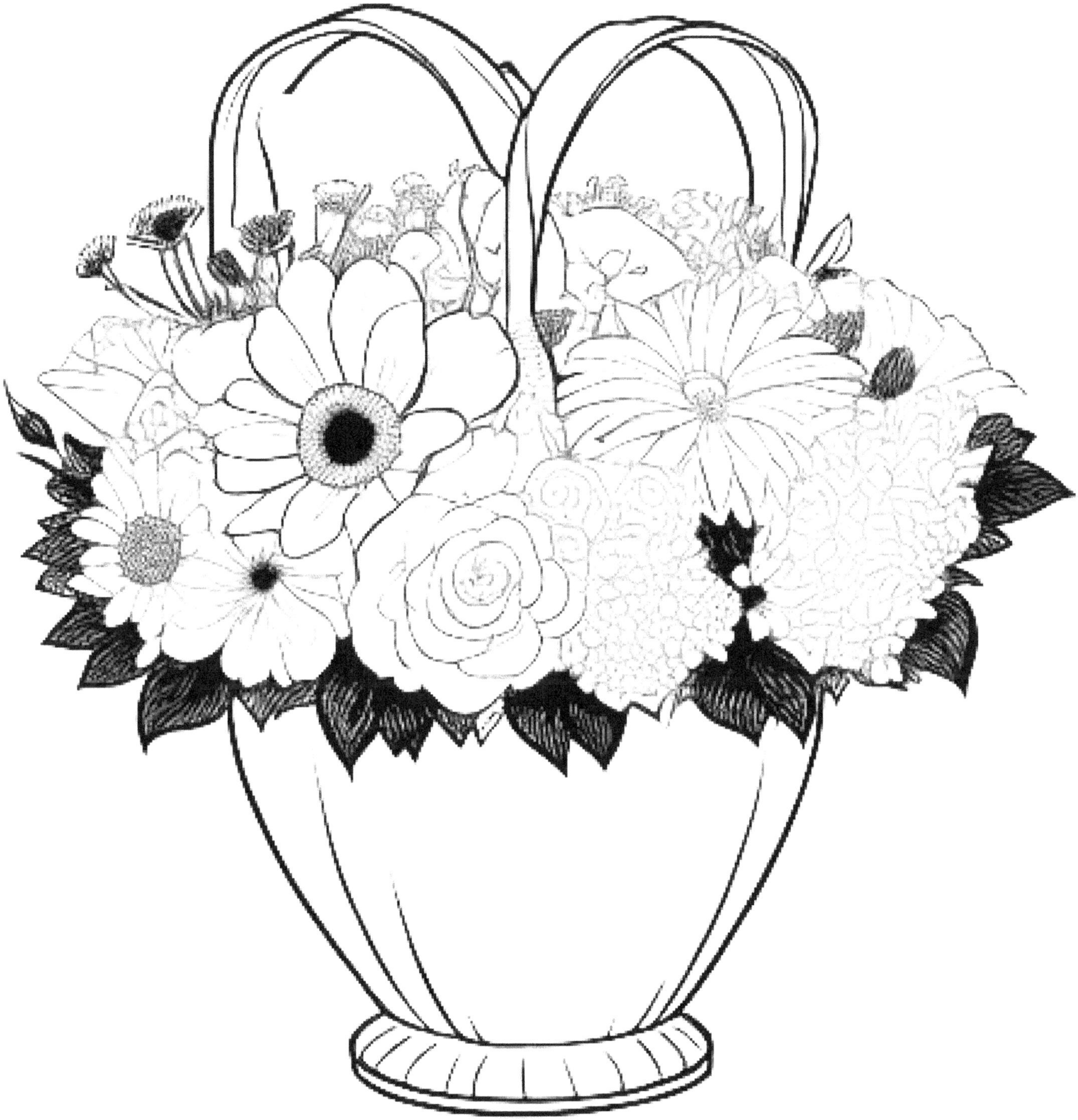

www.ingramcontent.com/pod-product-compliance
Lightning Source LLC
Chambersburg PA
CBHW082150290526
45794CB00008B/3232
9798865605027